Capitolo 1

«Armin...quella non è spazzatura»

A quelle parole, l'amico di Mikasa si irrigidì di colpo. Aveva capito di cosa si trattasse, ma non voleva crederci. In tutti questi anni, non aveva mai creduto di poter assistere ad una scena del genere: sono quei pensieri a cui non ti prepari, che non ti vengono in mente neanche per sbaglio, sapendo benissimo che non verrai coinvolto. Eppure, a volte era proprio quella sicurezza a mettere tutti in pericolo.Quando vedeva nei film polizieschi questi avvenimenti, rabbrividiva. E vederlo dal vivo, era qualcosa che non si poteva descrivere a parole. Leggerlo in un libro, o vedere nei film il protagonista trovare un cadavere, è quasi impossibile riuscire a mettersi nei suoi panni. Solo chi ha vissuto tutto ciò, è in grado di farlo.

Armin, devo correre a chiamare la polizia, tu vai pure a casa, qui ci pensiamo noi!   lo incitò Mikasa. Armin, che era quasi paralizzato, fissava il cadavere steso a terra sulla riva: riusciva come a vedere il volto della vittima essendo comunque coperto da della plastica nera, come se quelle forme potessero parlare per conto loro: la bocca semi-aperta si notava, così come gli occhi spalancati.

Mikasa estrasse il cellulare dalla tasca dei pantaloni, digitando in fretta il numero della polizia, mentre Armin si allontanava di fretta da quel posto, teatro di un incubo.

Le macchine della polizia arrivarono sul posto in meno di venti minuti. La scientifica si apprestò a circondare la zona e fotografare gli eventuali indizi, accompagnandoli poi con i numeretti. Il sacco venne prima fotografato, poi strappato all'altezza del capo, rivelando il volto della vittima. Mikasa assistette alla scena, e non potè non rimanere sorpresa e sconcertata nel capire chi fosse:

. . Nanaba. . .

Dietro di lei, il capo e il vice-capo Levi, scesero dalla vettura di polizia, oltrepassando poi il nastro giallo. Mikasa era abbassata accanto al cadavere, in cerca di qualche

Il Volto Nascosto (HORROR)

Ysabella Morelli

Contenuti

indizio sparso. Levi la raggiunse in pochi secondi, accostandosi a lei.

Ackermann, che cosa è successo qui?   chiese il corvino, mentre il capo Erwin si era avvicinato ad alcuni agenti già sul posto prima di lui.

Io e il mio amico Armin stavamo passando di qui, quando abbiamo notato. . . Questo   fece Mikasa indicando il cadavere avvolto nel sacco. Il detective si abbassò all'altezza del corpo, cercando ogni minimo dettaglio: oltre al suo sguardo terrorizzato, la donna aveva capelli biondi corti leggermente spettinati, ed alcuni orecchini di perle blu pendenti dall'orecchio. E poi il dettaglio principale: un foro sulla tempia.

Colpo d'arma da fuoco. . . Non ci sono segni di colluttazione: deve essere morta sul colpo   fece Levi. alzandosi e mettendosi i guanti da lattice, porgenogliene alcuni a Mikasa.

Temperatura?   chiese Mikasa al suo collega, il quale con un termometro professionale la misurò in pochi istanti.

33gradi

. . Dunque, è stata uccisa questa notte   sospettò la ragazza per poi dirigersi verso il capo Erwin Smith.

Agente Ackermann, lei mi ha detto che si trovava in compagnia di un amico? Dovremo interrogarlo, sa dove posso trovarlo?   chiese Erwin. Mikasa cercò di ricordarsi dove aveva visto Armin scappare, ma una voce flebile attirò la sua attenzione.

S-Signore, sono qui   fece il biondo da dietro il nastro. Armin non era tornato a casa, aveva solo lasciato che la polizia svolgesse il proprio lavoro senza ostacoli. Il capo si allontanò dai due detective, dirugendosi verso il biondo.

Devo farti alcune domande, se non ti dispiace   L'amico di Mikasa rispose con un semplice "ok" tenendo lo sguardo abbassato, sentendosi molto a disagio e nervoso. Certo, non lo avrebbero arrestato, ma quello era comunque un interrogatorio. Mikasa diede un veloce sguardo al suo amico per controllare che non si lasciasse prendere dall'ansia, e si avvicinò ad alcuni agenti della scientifica: Neil Dok e Karen Jackson, due agenti molto forti nel loro campo.

Neil, Karen. . . Trovato qualcosa?

No, al momento nulla. . . Però grazie allo zoom della fotocamera, Neil è riuscito a stimare che si possa trattare di un proiettile da nove millimetri   fece Karen mostrando a Mikasa e Levi la foto della ferita. Effettivamente, non era molto grande e una misura del genere si adattava a quella della lesione.

Bene, portate il cadavere in autopsia così come è stato trovato: ordinate ai poliziotti di perquisire la zona nel modo più esteso possibile   ordinò il vice-capo vedendo poi gli agenti eseguire i suoi ordini. Insieme alla sua collega, si avvicinarono ad Erwin che aveva concluso con il piccolo interrogatorio ad Armin, che aveva avvisato Mikasa con un gesto della mano facendole capire di richiamarlo al più presto. La ragazza annuì per poi vederlo allontanarsi.

Levi, Ackermann. . . Do a voi l'incarico di interrogare i suoi cari, partendo dal marito Mike Zacharias   concluse Erwin sistemandosi la cravatta. Mikasa fu sovrappensiero all'idea che presto, avrebbe interrogato qualcuno a lei abbastanza conosciuto.

I due detective, come richiesto dal capo, si recarono a casa del signor Zacharias, abbastanza noto nel suo quartiere per essere il proprietario del locale Mike's , di cui Mikasa ne era cliente abituaria.

Arrivati davanti un appartamento ad Upper West Side, uno dei più bei quartieri di Manhattan, rimasero molto colpiti dalla bellezza di quel palazzo. Si scambiarono uno sguardo fugace, per poi citofonare al suo nome. Zacharias MikeGunter Nanaba

Chi è?   chiese una voce da dietro il microfono.

Zacharias Mike? Agenti Ackermann e Levi, polizia investigativa. Possiamo entrare?   fece Levi avvicinandosi al microfono per far si che Mike potesse sentire. Il video-citofono permise all'uomo in casa di vedere i due agenti in divisa, non riconoscendo però la ragazza. Con un leggero tremolio alle mani, premette il pulsante per aprire il portone.

I due colleghi entrarono, dirigendosi verso l'ascensore. Premuto il tasto del piano 28, Levi si appoggiò alla parete, mettendo le mani nelle tasche dei jeans.

Allora, Ackermann. . . Cosa ti aspetti da questo interrogatorio?   chiese il corvino guardando la ragazza tra le nuvole. Appena si sentì chiamata in causa, alzò di poco lo sguardo.

Cosa mi posso aspettare?. . . Non sarà diverso dagli altri   .

Salve. . . Come posso aiutarvi?   chiese Mike aprendo la porta di quel tanto che bastava per vedere il primo agente, Levi, che chiese il permesso di entrare mostrando il suo distintivo. L'uomo si accostò a un lato per permettere ai due agenti di entrare. Entrambi rimasero molto sorpresi dalla bellezza dell'appartamento: superato il piccolo corridoio dell'ingresso, vi era un enorme salotto con al centro due divani circolari che circondavano un tavolino di vetro al centro, ed un camino alla sinistra, mentre la parete di destra era costituita da una grandissima vetrata, dove si godeva di una vista mozzafiato; le scale accanto all'ingresso, separavano il salotto dalla cucina, che era più piccola, ma davvero bella avendo il piano cottura, il frigo, il lavandino e il forno erano allineati su una parete, mentre il tavolo da pranzo era posizionato tra la cucina e il salotto. I soffitti erano abbastanza alti, ed il secondo piano sembrava essere grande quanto quello sotto. Inoltre, la luce illuminava il bianco di cui erano tinte le pareti e molti altri mobili della casa. Una casa veramente bella.

Dunque agenti. . . Posso portarvi qualcosa? Dell'acqua o-

Non abbiamo bisogno di nulla, signor Zacharias. Solo che lei ci dedichi qualche minuto   rispose Levi fermando Mike che si stava dirigendo in cucina. L'uomo si bloccò, fidandosi verso la ragazza che finalmente riconobbe:

. . Mikasa?   sussurrò Mike senza farsi sentire da nessuno dei due agenti, i quali stavano parlando tra di loro. Scosse la testa, e si riprese avvicinandosi a loro.

Accomodatevi, prego   fece il proprietario della casa sorpassandoli, invitandoli ad accomodarsi su uno dei due divani. Levi e Mikasa presero posto, mentre Mike si sedette sul divano davanti a loro, con i gomiti sulle ginocchia e le mani incrociate.

Signor Zacharias, non vorrei girarci troppo intorno. . . Per cui mi trovo costretto a comunicarle che sua moglie Nanaba Gunter è stata trovata morta questa mattina, sulle rive del Riversade Park   fece Levi sistemandosi meglio sul divano, nella stessa posizione di Mike. Il breve silenzio dopo le sue parole, fu interrotte dall'uomo che sentì crearsi dentro di lui un vuoto. Percepiva ogni singolo pezzo della sua anima sgretolarsi in mille pezzi.

Mikasa rimase in silenzio mentre osservò l'uomo davanti a lei che si tirava i capelli e piangeva disperato, soffocando le urla coprendosi la bocca con le mani. La difficoltà più grande per un detective, non è risolvere il caso: bensì quello di comunicarlo ai familiari della vittima. Erano proprio vere quelle parole, dette in un'intervista del famoso capo del dipartimento fiorentino. Mikasa lo capì sin dall'inizio della sua carriera che sarebbe stato difficile, e sempre ne aveva avuto la conferma, ogni volta più chiara. Vedere quelle madri disperate, i padri rassegnati e i fratelli in lacrime, era l'equivalente di assistere ad un film dell'orrore, guardare un quadro angosciante come l'urlo o Saturno che divora i figli, dipinti che da sempre, quando la corvina li guardava, suscitavano angoscia, ansia e terrore.

V-vi prego. . . D-ditemi c-che è un. . . U-uno scherzo. . . Chi mai poteva farle del male!   disse Mike tra i singhiozzi, mentre continuava a disperarsi. Balbettava, anche se l'ultima frase fu detta con convinzione e freddezza, netta. Mike stava quasi per avere un esaurimento nervoso, tanto che Mikasa fu costretta a correre in cucina per portargli un bicchiere d'acqua fresca. Né Levi né la corvina furono tanto sorpresi della reazione dell'uomo, ma gli ci volle più del dovuto per farlo calmare, o almeno permettergli di andare avanti. Gli agenti rimasero lì immobile per altri cinque minuti, osservando e ascoltando impotenti quel pianto e quelle urla. Non potevano far altro che guardare addolorati, mentre si scambiavano sguardi dispiaciuti tra di loro, e compassionevoli verso il disperato.

Passarono alcuni minuti, quando finalmente Mike riuscì a calmarsi respirando a fatica. Posò il bicchiere sul tavolino di vetro con molta lentezza, come avesse paura si potesse frantumare. I due colleghi, vedendolo più calmo, iniziarono con il vero e proprio interrogatorio:

Signor Zacharias, capisco la situazione... Ma abbiamo bisogno di fargli delle domande   fece Levi assicurandosi che l'uomo fosse in grado di parlare. Mike sospirò, ancora abbastanza scosso, borbottando un 'ok'. Levi aspettò qualche altro secondo, per poi guardare Mikasa come a chiederle il consenso. La corvina annuì.

..Bene... Vorrei iniziare con il chiederle se per caso, sua moglie aveva un qualcuno che poteva avercela con lei   fece Levi. Mike sospirò masaggiandosi le tempie.

Certo che no! Come poteva. . . Era una persona dolce ed adorabile, tutti le volevano bene! esclamò Mike per poi riprendere a piangere come un bambino, ricordando del bellissimo volto sorridente della moglie. Mikasa prese dalla tasca della sua giacca, un pacchetto di fazzoletti e glieli porse. L'uomo la ringraziò, guardandola attentamente: si era chiesto se il suo collega, Levi, fosse a conoscenza del fatto che i due si conoscevano.

Ok, capisco. . . Adesso, vorrei sapere dove si trovava tra le dieci di sera e l'una del mattino chiese sempre Levi.

Mi trovavo a casa, a badare ai miei due figli. . . Louise e Leyla. . . Stavamo andando a letto

Quindi sua moglie non si trovava con voi? fece questa volta Mikasa. Mike si congelò sul posto. No che quella sera non era a casa, come ogni volta da ben sei mesi. Iniziò ad agitarsi, comportamenti che non rimase nascosto agli agenti. Sudava, cercando di farsi aria scuotendo il colletto della camicia che portava, e teneva le mani in continuo movimento, sentendole leggermente umide.

. . Mike. . . Dove si trovava sua moglie? chiese freddo Levi, vedendo chiaramente il nervoso dall'uomo davanti a lui farsi sempre più grande ed evidente. Mike cercava di dire un qualcosa come non lo so o non ne sono sicuro, ma l'unica cosa che riusciva a far uscire dalla sua bocca, erano dei versi di lamento. Non riusciva quasi a mentire.

Levi sospirò, poggiando la schiena contro il cuscino del divano, portandosi una mano tra i capelli. Mikasa, al contrario, si mise nella stessa posizione del collega di poco da, poggiando i gomiti sulle ginocchia e intrecciando le mani. Mike sospirò nuovamente, per poi rassegnarsi.

Mia moglie ogni sera si. . . Usciva per andare in un locale. . .

Che genere di locale?   chiese Levi.

Uno. . .   - non ho altra scelta, pensò-   . . . Uno strip club   Sentì i sensi di colpa e l'angoscia accrescere come un fuoco in lui, chiedendosi se lo avesse davvero confessato. Levi e Mikasa sgranarono gli occhi: si scambiarono sguardi sconvolti, non capacitandosi della strana coincidenza con gli altri omicidi. D'altronde, non si trattava di Rouge Titan, ma allora perché? Più di del suo collega, Mikasa rimase senza parole conoscendo ora la vera natura di quella donna, così bella, buona e gentile. La conosceva da qualche anno, e si era affezionata come se fosse una zia, e lei nutriva un rapporto reciproco, come fosse sua nipote. Non credeva trattasse il proprio corpo come. . . In quella maniera.

. .Uno. . . Strip club, hai detto?   chiese Levi ancora abbastanza sconvolto. Mike si strofinò le mani sulle cosce, cercando di asciugarsele.Alla corvina accanto, uscì una risatina amara, spregevole.

Mi faccia capire. . . Lei stava preparando la cena, sistemando casa e rimboccando le coperte ai suoi figli. . . Sapendo che sua moglie, si presentava a ballare con abiti provocanti, o addirittura senza, davanti ad una ventina di persone, mostrando il suo corpo a dei cinquantenni pervertiti che le sbavano dietro non appena mostrava seno o fondoschiena. . . E il tutto con il suo consenso   disse Mikasa portandosi una mano sulla tempia, massaggiandosela. Mike la guardò con occhi colpevoli, da cane bastonato. Come un bambino appena rimproverato da sua madre.

Ackermann, non la metta così-

Certo Levi, hai ragione, lasciamo che creda a quanto sia stato bello permettere a sua moglie di lavorare in quei posti. . . E pensare che c'è gente che divorzia perchè viene a scoprire che l'uomo frequenta quei locali. . . Ma li si tratta solo di frequentare   fece ironicamente Mikasa, venendo poi ripresa dal suo collega che le mise una mano sulla spalla per farla calmare. Mike, però, non rimase in silenzio.

Eravamo in crisi, ok!? Il locale non frutta abbastanza, e non potevo permettermi più di pagarla! La sua boutique è fallita sei mesi fa, e stava cercando lavoro. . . Quando alla fine le hanno fatto questa offerta: all'inizio non accettai, ovviamente. . . Ma avevamo bisogno di soldi per poter arrivare a fine mese, e per poter dar da mangiare ai nostri figli. . . Lei sarebbe stata pagata profumatamente, per cui la lasciai andare. E inoltre, sapevo già che in quei locali non si va oltre a quello, e che dunque i clienti non possono toccare le spogliarelliste   Mike si sentì stranamente meglio dopo quel discorso. La disapprovazione di Mikasa, però, rimase senza mutare, cosa abbastanza evidente.

. . Va bene, signor Zacharias. . . Sa dirci qualcos'altro riguardo ai suoi rapporti?   chiese Levi.

No. . . Oltre a me e la sua ex assistente alla boutique, non aveva rapporti particolari con nessuno   concluse così Mike.

Va bene, per oggi basta così Ackermann . . . Ma prima di andare, voglio che il signor Zacharias mi scrivi su questo foglio il nome dello strip club dove lavorava sua moglie

I due agenti uscirono dal palazzo, lasciando i propri polmoni respirare un po' d'aria fresca, essendo rimasti in quell'appartamento per più di due ore.

Lo Starlet's Gentleman's Club. . . Un po' lontano, ma ci si arriva facilmente   fece Levi controllando la posizione sul telefono. Mikasa si sistemò meglio la giacca per coprirsi dal freddo.

Mi sembra ovvio, dato che in meno di un'ora tornava a casa dal suo cosìdetto "marito"   rispose in tono acido la ragazza, facendo il gesto delle virgolette alla parola marito.Levi alzò gli occhi al cielo, abbastanza stanco e pieno delle sue lamentele infantili.

Ora basta, Ackermann. . . E a proposito, mi spieghi come ti è saltato in mente di fare un discorso del genere al signor Zacharias? Eravamo lì per interrogarlo, non per rimproverarlo dei suoi errori   fece Levi avvicinandosi alla vettura, seguito da Mikasa. Appena entrambi entrarono, la ragazza continuò sbattendo la portiera.

Beh, se lo meritava... Ha trattato sua moglie come un giocattolo per ottenere dei soldi, e non mi va giù   fece Mikasa poggiando la testa sul finestrino, esausta da tutto e da tutti. Incrociò le braccia al petto, mentre Levi si concentrava a guidare: si limitò a tacere, capendo che aprire una parentesi su sull'argomento, non avrebbe portato alcun vantaggio.

.. Se l'assassino non è Mike, potrebbe essere qualcuno presente nel locale quella sera; d'altronde, non è difficile avere contrasti o litigi in quei posti   continuò l'agente mentre teneva il volante tra le mani, ma Mikasa continuava a guardare fuori senza parlare. Era evidentemente con il morale un po' a terra, e decise di lasciarla in pace, continuando a guidare verso lo strip club.

Il resto della giornata passò così: Mikasa e Levi continuarono con gli interrogatori, mentre Erwin dirigeva le indagini e seguiva i suoi agenti durante le analisi delle poche prove trovate sul colpo. Ordinò a Levi e alla sua collega, a fine giornata, di recarsi dall'anatomopatologa Hanji Zoë che, essendo passate ventiquattro ore, aveva completato l'autopsia. Non avendo tratto molte informazioni dai suoi cari e nemmeno dallo strip club, i due agenti sperarono di poter ottenere qualcosa dopo le analisi della dottoressa, che li stava aspettando in sala. Appena entrarono, Hanji li accolse iniziando subito ad informarli dei risultati.

Cosa riportano le analisi?   chiese Levi, che si accostò alla donna mentre scopriva il cadavere nudo e cicatrizzato dal lenzuolo bianco con cui l'aveva coperta dopo il lavoro.

La vittima non è del tutto morta sul colpo: oltre alla ferita sulla testa, presenta un foro in pancia, che però non le è stato letale: il colpo ha causato un'emorragia interna, provocandole uno shock ipovolemico. La perdita d'ossigeno immediata, le ha fatto perdere i sensi, impedendole anche di reagire. Ma ciò nonostante il colpo di grazia le fu sparato quando era ancora cosciente   fece Hanji indicando la ferita presente sulla fronte, che Levi e Mikasa osservarono bene.

Il primo proiettile è rimasto incastrato nella gabbia toracica, tra la quinta e la sesta costola nell'emisfero toracico destro: ha colpito i muscoli intercostali, quelli esterni, ma del resto non ha toccato organi vitali. . . ma in compenso le ha regalato una bella emorragia interna, che le ha provocato appunto lo shock. . . - indicò poi da una radiografia, le ferite provocate all'interno dell'organismo- . . . Il colpo fatale è stato il secondo proiettile: presenta una bruciatura intorno al foro, segno che è stato sparato da pochissimi centimetri di distanza: ciò le ha provocato un imminente danneggiamento del sistema nervoso, attraversando lo sfenoide   disse la donna per poi indicare il foro sul cadavere, che effettivamente aveva segni di bruciatura tutto intorno alla ferita.

Avete trovato anche il secondo proiettile?   chiese Levi guardando la radiografia del petto.

Si. . . Gli agenti in pattuglia ne hanno trovato uno al Riversade Park. . .

Non molto distante da dove abbiamo trovato il cadavere. . . L'assassino deve averla uccisa lì e poi averla trascinata al fiume. . .   disse Mikasa rivolgendosi a Levi, come per avere conferma di quello che ha detto. Lui annuì, e poi si rivolse nuovamente ad Hanji:

Cosa dicono le analisi della baristica?

I proiettili sono calibro 9×21, caratteristico della beretta M9A1: ha una velocità alla volata di 360 metri al secondo, ed è un'arma molto più leggera dell'originale.

. . È facile da maneggiare, dunque può anche averla usata un principiante. . . fece la donna sistemandosi i suoi occhiali da vista sul naso. Un'analisi molto completa e accurata, ma che comunque non portò altre informazioni, se non la seconda ferita. Levi si appoggiò al muro con la schiena, mentre rifletteva.

Dunque. . . Hai detto che può trattarsi anche di una persona non esperta. . . pensò Levi ad alta voce, incrociando le braccia al petto, sospirando.

Oltre l'arma ci sono vari elementi che possono confermarlo. . . Come la posizione delle due ferite: la prima potrebbe essere stata involontaria, sbagliando dunque, la mira. E la seconda, quella fatale fece Hanji indicando dallo schermo le lesioni delle ferite. Mikasa osservò quella radiografia molto attentamente, rimandendo accanto alla dottoressa.

Considerando poi la posizione delle ferite. . . Una si trova all'altezza della gabbia toracica, dunque l'assassino le ha sparato da davanti; ma la seconda è alla tempia. . . E dunque le ha sparato di lato. . . fece Mikasa osservando il cadavere.

Per cui, prima le spara sbagliando mira, poi le si avvicina puntandogli la pistola sulla tempia. . . La mancanza di segni di collutazione sono dovuti probabilmente alla perdita di sensi. . . E l'assassino se ne sarà approfittato per darle il colpo di grazia   finì Levi. Mikasa guardò il cadavere di Nanaba con una nota di tristezza in volto: vederla per la prima volta con uno sguardo che non fosse allegro, le parve surreale.

. .Se solo vengo a sapere che quell'uomo l'ha toccata.
. .   fece Mikasa stringendo i pugni e digrignando i denti, con un tono più che rabbioso. Non poteva sopportare l'idea che suo marito le avesse permesso una cosa del genere.Levi sbuffò, portandosi una mano ai capelli.

Ancora con questa storia, Mikasa? Dovresti averlo ormai capito che i sentimenti personali non devono influire sul tuo lavoro

Il mio lavoro mi impedisce di dare pregiudizi alle vittime. . . Non ai colpevoli   continuò Mikasa guardando l'uomo.Hanji li richiamò volendogli mostrare una cosa, ma senza successo dato che i due agenti stavano animatamente discutendo sull'argomento di Mike.

Non puoi essere certa che sia stato lui   fece Levi.

No, ma un crimine lo ha già commesso

Ah si? E quale sarebbe?   continuò Levi.

Ragazzi!   li richiamò Hanji.

Quello di non essere stato un marito fedele!   Levi sgranò gli occhi alla risposta dell'asiatica, che aveva uno sguardo rabbioso contro di lui. Rimase sorpreso.

Ragazzi!   La donna riuscì finalmente ad attirare la loro attenzione, girandosi di scatto verso di lei. Hanji si avvicinò al cadavere.

. . Dovreste prima vedere questo. . .   E con queste parole, la dottoressa scoprì tutto il cadavere del suo lenzuolo bianco, lasciando totalmente il corpo nudo. La donna dai lunghi capelli bruni, prese tra le mani il polso della vittima mostrandolo ai due agenti. Appena si avvicinarono, non potettero credere ai loro occhi, tanto da rimanere a bocca aperta per qualche minuto: quel marchio, inciso alla perfezione, aveva macchiato di quell'orrendo crimine ormai in corso da tre anni, la povera donna sotto di loro.

. . Non può essere lui   fece Mikasa sconvolta.

Capitolo 2

Lui non era lì. Si alzò dal letto, non avendo comunque dormito neanche un minuto, tenendo gli occhi spalancati come avesse appena bevuto dodici caffé. Lui non era lì. Camminò a passo strisciato per tutta casa, tirandosi i capelli con le mani. Lui non era lì. Lui non era lì. Chi non era lì? La sua figura terrorizzante che con il solo sentir pronunciare il nome la gente rabbrividiva, chiudeva gli occhi e si tappava le orecchie, quella sera, durante l'omicidio di Nanaba, non aveva fatto la sua comparsa: da qualche giorno sentiva dentro di sè un'angoscia, un sentimento di impotenza, di inferiorità difronte al mondo. Aveva ingoiato il suo orgoglio come pasticche antidepressivi per tutta la vita, sentendo sempre di più il bisogno di possedere quella percezione di divinità assoluta che regnava in lui. Era lui che comandava New York, era lui che muoveva le pedine. Ma quella sera. . . Quella sera aveva tirato i dati dalla parte opposta del tabellone, e qualcosa in lui era andato storto.

Vedeva dinanzi a sé, in quel piccolo angolo del Riversade Park, quella donna. Lei era lì davanti, a pochi passi da lui. L'aveva seguita per molto tempo, sapendo oramai la sua routine: di mattina accompagnava i suoi figli al liceo, lui quarto anno e lei il secondo; tornava a casa e per le 22:00 si preparava, sotto lo sguardo pesante e colpevole del marito; si recava al locale, dove lui era entrato due volte per assicurarsi dell'orario di rientro a casa, ovvero le 2:30 di notte. Una sola volta tardò per le 4:00 a causa della mancanza al lavoro di una sua collega, e dunque dovette sostituirla. Al rientro, passava sempre per quel parco. . . Ragioni ignote, ma non poteva certo importargli. E non perché volesse saperle queste cose sulla sua vita, ma era necessario affinché andasse tutto bene. Eppure non era successo: lui sapeva tutto, aveva programmato come al solito ogni singolo secondo alla perfezione, ogni dettagli disegnato a schema nella sua mente programmata per farlo, ma quella sensazione non era stata né prevista, né abbattuta. E nessuna parte della sua mente disegnata da quelle mani oscure era in grado di farlo.

Aveva una donna davanti a lui. E lui, preso da quella sua strana sensazione che non gli permise neanche di guardarla, le sparò: soltanto quando premette il grilletto si accorse di aver portato con sé anche una pistola, cosa che lui non faceva mai; non ne aveva bisogno avendo un coltello che si incastrava perfettamente con la pelle candida e morbida di quelle donne, come pezzi di puzzle. Si chiese, prima ancora di guardare la donna stesa a terra, come mai ce l'avesse in mano; come non fosse stato lui a sparare, né tanto meno a volerlo. La osservava perplesso come fosse la prima volta, e la prima volta fu anche quella di vedere la sua vittima, che ancora respirava a terra. Eren si avvicinò lentamente a Nanaba, osservando solo in quel momento la ferita inflitta: presentava un unico foro sullo stomaco, che però non l'aveva uccisa: la donna respirava, era viva. Era terrorizzata, guardava con occhi spalancati la riva in lontananza, cercava di raggiungerla anche solo con la mente. Lui aveva sbagliato mira. Lui aveva sbagliato. Le mancava l'ossigeno, e le labbra come le dita stavano iniziando a diventare viola. Eren non riusciva neanche a credere di essere stato lui, sentendo ancora il pugnale incastrato nella cinta dei suoi pantaloni, prendergli la pelle attraverso i vestiti. Sembrava essere un richiamo che gli gridava "fallo, cosa aspetti?", ma lui non ascoltò quella sirena che nell'orecchio gli sussurrava, ignorando i suoi richiami. Quel sentimento in lui, pervase su tutto il resto del corpo, comandandolo come una macchinetta, e l'impotenza di poter fare qualcosa, lasciava i suoi muscoli, le sue gambe, le braccia, gli occhi, la mente muoversi da sola, sentendosi per la prima volta. . . Diverso.

Infine, per porre fine a quello spettacolo orrendo perfino per lui, caricò nuovamente la pistola; si abbassò sopra il corpo ancora ansimante della bionda; posò delicatamente la punta dell'arma sulla sua tempia; e sparò.

Lei vide nero. Lui, invece, non ci vide più: rimase lì a fissare quel corpo, indeciso se lasciare la sua firma su quel dipinto venuto male per lui. Era in ginocchio davanti al cadavere, fissando nei suoi occhi spenti una disperazione che gridava, mentre lui non poteva fare davvero nulla in quel momento. . . Per la prima volta, il non poter liberare quell'anima da quel corpo, lo turbava, lo faceva sentire. . . Colpevole.

Si avvicinò nuovamente al cadavere, e questa volta però, con l'intento di prendere il suo coltellino, e taglio dopp taglio sul polso, firmare quel suo capolavoro. Non si sentiva fiero. . . Ma sempre suo era. Un tagliò e poi il secondo, un terzo e un quarto, fino a che non lo finì. Ma sentì qualcosa puncicargli gli occhi come un ago, provocandogli un leggero dolore. Si strofinò gli occhi con la sua mano per la prima volta pulita dal sangue della sua vittima, e appena la ritrasse, notò che erano umide; ripassò un dito agli angoli del suo occhio: era umido. Eren Jaeger stava piangendo. Era la prima volta? Non per Eren, ma per Rouge Titan si.

Si allontanò di colpo, spaventato. Lui non era lì, non era Rouge Titan colui che in quel momento stava guardando il cadavere con le lacrime agli occhi. Era terrorizzato da quel suo tocco che sfiorò delicatamente il suo cuore come una piuma, una carezza. Una carezza fatale per la sua figura.

Sentì dei passi farsi vicini. Sempre di più: alzò la testa di scatto, con le guance ancora umide e le lacrime che scivolavano come bambini sullo scivolo al parco, come l'acqua sulla pelle. Teneva ancora il suo cappuccio sulla testa, che gli permise di tenere il suo volto nascosto. I passi si facevano sempre più pesanti, fino a che non scorse da lontano una figura nera, che si faceva sempre più larga: era un uomo. Eppure, lui rimaneva immobile come una statua: la convinzione che quell'omicidio non lo avesse davvero commesso lui, lo fece rimanere al sicuro, prootetto da quella che poteva essere stata una "rivelazione" della sua identità. Eren fece solo due passi indietro, permetto ai suoi occhi di vedere quell'uomo. Lui era sempre distante, con le mani nelle tasche. Solo quando capì che si stava per avvicinare troppo, scappò lasciando che un singhiozzo di un pianto disperato, fu udibile anche a quell'uomo misterioso che era ad un passo dallo scoprire chi si nascondeva dietro Rouge Titan

L'umidità rinfrescava quella mente così confusa e annebiata del ragazzo dai bruni capelli, che si lasciavano sfiorare dal vento gelido. Erano alle porte dell'inverno ormai, e la neve bianca tanto attesa avrebbe coperto quell'orrore di cui la città si era dipinta: le luci erano le uniche cose che ancora tenevano impiedi New York, e per quanto sarebbe continuato così non lo sapeva nessuno. Neanche Eren.

Camminava in quelle strade come fossero ormai la sua vera abitazione: si sentiva parte di quei vicoli dove aveva rivelato la sua vera identità a quelle mura, testimoni di tante cose. I muri hanno le orecchie, ma non la capacità di parlare. Passo dopo passo avanzava senza, però, sapere dove andare. Oramai ci aveva fatto l'abitudine di girovagare per la città, alla ricerca di un posto ignoto: dove capitava, si fermava. In un locale, in un parco . . . Posti dove sentiva quella sirena che lo chiamava, dove percepiva attrazione, come una calamita che lo spingeva a forza. Era di nuovo alla ricerca di un luogo che poteva dare una risposta a quel suo sentimento, che da giorni lo stava tormentando. Quella sensazione che lo aveva spinto a sparare invece di accoltellare e torturare una delle sue tante prede della sua savana. E sentiva in lui come un fastidio, un senso di dispiacere e pesantezza, che lo innervosisce dal più profondo. Lo faceva andare in bestia, impazzire. Non credeva si sarebbe dilagato così tanto da addirittura non farsi riconoscere da Rouge Titan.

Come se il tempo rispecchiasse il suo animo, un tuono attraverso le nuvole minaccioso e potente si fece sentire dai cittadini sotto di lui, avvertendoli di un imminente arrivo di una tempesta: le nuvole grige coprirono la luna, che con quel poco di luce cercava di farsi vedere e notare da coloro che tenevano la testa bassa; crebbe il vento, che aumentò di velocità facendo danzare le foglie felici e impazienti di muoversi, da tempo stese a terra, mentre gli alberi lottavano per rimanere dritti e non perdere il loro splendore. L'umidità di fece sentire come aghi sulla pelle, oscurando i vetri delle macchine e dei negozi. Eren assistette a quella lotta tra volere e no della tempesta, annusando il più possibile quell'odore che spesso si presentava prima di una pioggia, come se avessero appena spruzzato del profumo in tutta la città. Riempiva i polmoni con quell'aria fresca il più possibile, sentendo una sorta di rinascita, una pulizia. Era quello di cui sentiva il bisogno: un risveglio. Ma da cosa, lui lo stava cercando di capire esattamente quella sera.

La pioggia cadde in battaglia colpendo la città con tanti piccoli aghi d'acqua che con velocità si frantumavano sul terreno. Eren sentiva quelle goccia pichiargli la testa, diventando sempre più forti; bagnavano la felpa, i pantaloni e le scarpe. Il ragazzo alzò lo sguardo sopra il cielo, venendo come innaffiato dalle nuvole. Vide in lontananza un fulmine cadere non troppo lontano dalla città, che, di conseguenza, provocò un tuono che fece sobbalzare il ragazzo. I passanti furono costretti a rifugiarsi nelle loro case o a cercare un riparo da qualche parte. Monostante amasse sentire quella pioggia su di lui, anche Eren aveva davvero bisogno di un rifugio. Sfortunatamente, era troppo lontano da casa sua, e cercare di tornare sarebbe stato più inutile che rimanere fermi. Così, decise che sarebbe entrato in uno dei locali vicini, ma l'idea venne presto scartata quando sollevò di poco lo sguardo e notò un palazzo abbastanza familiare: era entrato lì una volta sola, quando vide quella ragazza dai capelli corvini soffici e profumati, in difficoltà con quelle buste della spesa. Quel giorni, si chiese più volte come mai avesse deciso di aiutarla: non aveva mai dedicato più di due secondi a qualcuno, specialmente ad una ragazza. Perse l'appetito quando la vide al ristorante, le sorrise quando la incontrò al bar, e la aiutò quel giorno. Non poteva negare di essere attratto e incuriosito da quella ragazza, il quale numero aveva anche salvato in rubrica. Continuava a guardare quel citofono, leggendo attentamente tutti i nomi di coloro che abitavano lì: Scott Adam, Taylor Melanie, Robinson Arthur. . . E poi lei: Ackermann Mikasa. Ackermann. . . Sapeva anche il suo cognome ora. Sempre un passo avanti per conoscerla. Aspetta, voleva davvero farlo? Voleva davvero. . . Conoscerla meglio? Come una sorta di. . . Amica? Era strana a sentirsi dire quella parola nella sua mente: non aveva mai avuto un amico, né un qualcuno con cui ridere o passare il tempo, se non sua madre.

Sospirò, portandosi una mano tra i suoi capelli ormai zuppi: gli era bastato posare le dita su una ciocca e sentire l'acqua uscire come stesse strizzando un panno bagnato. Non poteva diventare un suo amico, non poteva. Chi mai avrebbe voluto un mostro come amico? Forse nessuno, forse non avrebbe mai avuto un "amico". Con passo strisciato, si voltò con ancora l'acqua che gli bagnava il volto. I pali della luce illuminavano il suo sguardo cupo e umido, dalla radice dei capelli sino al mento, che gocciolava, lasciando cadere delle gocce di pioggia che si confondevano con le altre. Le mani erano ancora nelle tasche della felpa, ma si era tolto il cappuccio oramai fradicio.

Guardava una pozzanghera sotto di lui, sempre davanti al palazzo: il riflesso del suo volto gli fece notare quanto il suo volto, se bene bagnato, fosse sereno e rilassato. Per la prima volta assisteva ad uno spettacolo al quale anche i polmoni ed il suo cuore si sentivano protagonisti, avvertendo una sorta di vuoto, ma piacevole dentro di lui. Respirava con leggerezza sentendo i polmoni dilatarsi e ritirarsi come un cuscino morbido, il cuore battere ritmicamente. La pioggia si era trasformata da una tempesta rabbiosa, ad una sorta di pulizia dell'anima, che lasciava ad Eren la possibilità di pensare più liberatamente. Alzò lo sguardo verso il cielo: le nuvole grige davano l'idea di un tetto di riparo, si sentiva al sicuro. La luna era riuscita a liberarsi da quell'oscurità che la copriva. Eren si sentiva bene in quel momento.

Improvvisamente, dal portone uscì una donna incappucciata con un grandissimo cappotto viola. Era un'anziana signora che teneva nelle sue mani esili, macchiate e rugose, il manico dell'ombrello di un colore giallo limone. . . Abbastanza vistoso. Con la mano libera, che presentava tanti anelli sul dito medio e l'indice, si copriva il volto con una sciarpa. Appena uscita, venne travolta dalla pioggia che la sorprese. Si girò di poco, e quasi le venne un colpo a vedere quel ragazzo davanti a lei con solo una felpa, bagnato fradicio da testa a piedi. Lo scrutò per bene guardandolo sconvolta, come avesse appena assistito ad un omicidio; ed il suo istinto da nonna e da mamma la costrinse a reagire:

Oh, per l'amor del cielo, ragazzo, entri subito dentro! Si prenderà una malattia rimanendo di fuori con questo temporale!   esclamò con voce rotta l'anziana signora, che con fatica teneva il portone dai contorni dorati aperto, accostandosi ad un lato. Eren la guardò confuso, non sapendo nemmeno se stesse parlando a lui: si avvicinò

alla signora tenendo la porta per aiutarla, ringrazian-
dola. Era così di buon umore che sentiva di voler aiutare
anche nei minimi gesti: la vecchietta gli raccomandò di
entrare nel palazzo e di aspettare che la tempesta si cal-
masse, per poi andarsene con passo mento, zoppican-
do leggermente. Si chiedeva dove potesse mai andare
con quel tempaccio, osservandola poi girare l'angolo.
Chiuse il portone, e decise di dare retta all'anziana, rimanendo in quel palazzo. Solo quando strizzò di poco
la sua felpa, bagnando il pavimento, si ricordò di essere
nello stesso palazzo dove abitava Mikasa: era proprio
per quello che si era fermato, e non se lo era neanche
ricordato. Cercò di asciugarsi la mano con la maglietta,
che era leggermente più asciutta del resto dei vestiti, e si
sedette su uno degli scalini per togliersi le scarpe da gin-
nastica e lasciare che dell'acqua cadesse da esse. Eramo
veramente zuppe nonostante fosse stato sotto l'acqua
per circa dieci minuti. Mentre cercava un minimo di asciugarsi, fu in conflitto tra l'andare a casa della ragazza
o meno: non voleva disturbarla, era sera abbastanza
tardi e forse era anche impegnata; però la tempesta
sembrava non voler cessare, neanche tra qualche oret-
ta, e l'idea di rimanere lì da solo non lo entusiasmava.
Rimase seduto per qualche altro minuto, e sfortunata-

mente la noia ebbe la meglio: si diresse all'ascensore, che non appena aprì la porta, lasciò entrare il ragazzo ancora un po' titubante. Si appoggiò alla parete, che era costituita in parte da un grande specchio, che rifletteva la sua immagine: solo allora Eren si accorse di quanto fosse. . . Bello, in quel momento: i capelli bruni leggermente spettinati, si spostavano perfettamente con i suoi lineamenti del viso. E poi quegli occhi. . . Di un verde smeraldo, che fin da subito attrasse Mikasa come una calamita. Aveva anche un fisico niente male: certo, non era muscoloso assai, ma qualche addominale si intravedeva. Rimase così tanto tempo a fissare il suo riflesso, che quasi non si accorse di essere arrivato al piano giusto. Uscì da lì. Lo stava facendo veramente? Stava avanzando verso l'appartamento di una ragazza che non conosceva neanche, solo per poterle parlare di qualsiasi cosa. Era così strano, così surreale, specialmente per lui.

Attraversò il piccolo corridoio, il quale aveva quattro porte su ogni lato. Ricordava che quello di Mikasa fosse il terzo a sinistra, e lì andò. Rimase fermo davanti alla porta, notando accanto al citofono il nome della ragazza: ricordava bene allora. Ci mise più tempo a fissare quell'oggetto che a prendere una decisione su cosa fare.

Sospirò, mettendosi una mano tra i capelli oramai quasi asciutti, ma non come il resto dei vestiti: in tutto quel tempo non si era neanche reso conto che si sarebbe presentato totalmente zuppe, da testa a piedi. Iniziava a sentire freddo, e dei brividi gli percorsero tutto il corpo: voleva riscaldarsi, e così si affrettò a suonare il citofono. Non l'ho fatto davvero, fu il suo primo pensiero mentre l'ansia lo assaliva. Si poteva dire che in quella giornata non si riconosceva affatto, partendo dall'omicidio di Nanaba a. . . Questo. Si stava pentendo di averlo fatto, tanto che era intento a tornare indietro. Ma prima che potesse muovere un piede, che la porta si aprì quel tanto che bastava per vederle il volto: un viso pallido, dalla pelle molto bianca e candida, morbida a vedersi; degli occhi dal taglio mezzo asiatico, grigi e profondi, in quel momento abbastanza sconvolti; le labbra socchiuse e rosee. Eren rimase lì a fissarla per qualche secondo, che ancora si teneva le braccia con le mani, sentendo molto freddo; alcune goccioline d'acqua cadevano dalla felpa, bagnando di poco lo zerbino della ragazza, che era rimasta lì a fissarlo anche lei, confusa.

Eren? sussurrò la corvina in preda alla confusione, che aprì la porta lasciando intravedere tutto il suo corpo: indossava una semplice maglietta lilla, con una delle spalline leggermente calate; dei pantaloni neri e delle pantofole pelose ai piedi. Aveva davvero un bel fisico, intravedibile anche sotto quelle vesti.

Ciao, Mika-

Mio dio, ma sei bagnato fradicio!   esclamò Mikasa, che con fretta lo fece entrare in casa, tirandolo dalla manica della felpa bagnata. La corvina si sorprese da quanto fosse impregnata d'acqua la felpa, tanto che sembrava aver appena toccato un vestito uscito dalla lavatrice. Chiuse lentamente la porta, e si avvicinò il ragazzo ancora tremolante.

Dai, dammi la felpa. . . Ti porto dei vestiti asciutti   fece Mikasa aiutando Eren a togliersi la sua felpa, che lo fece molto volentieri sentendo un gran freddo a causa di quell'indumento bagnato.

Aspettami qui, vado a prenderti qualcosa   La ragazza si diresse in camera, lasciando Eren da solo nella stanza. Si girò un po' intorno, notando solo in quel momento di quanto fosse graziosa la sua casa: il salone presentava un divano bianco, e davanti esso un piccolo tavolino do legno con sopra alcuni telecomandi, delle candele e un libro; alla sua destra iniziava un piccolo corridoio con una porta ogni lato; accanto l'inizio del corridoio, vi era una tavola da pranzo con la cucina dietro. Era davvero molto carina e ordinata, e si sentiva l'odore di pulito, notando anche i vetri delle grandi finestre ai lati della televisione molto lucidi. E infine, una grande libreria sulla parete sinistra, stracolma di libri e cornici. Eren stava per avvicinarsi a quegli scaffali, ma venne presto interrotto dall'arrivo della ragazza, che aveva in mano una felpa bianca e un asciugamano blu. Glieli porse e lui li prese in mano.

Tieni, spero la felpa non sia troppo stretta. . . Ti avrei dato la felpa che mi avevi dato, ma è a lavare, quindi. . . fece Mikasa poggiando una mano dietro la schiena, e un altra si scompigliò i capelli corvini.

Grazie. . . Anzi, scusami se mi sono imbucato così all'improvviso in casa tua   rispose Eren prendendo l'asciugamano che strofinò sui suoi capelli bagnati.

Non preoccuparti, d'altronde. . . Guarda che tempaccio - la ragazza guardò fuori dalla finestra, vedendo come la tempesta si infuriava sempre di più, e la pioggia era sempre più forte.

Già. . . sussurrò Eren sovrappensiero, mentre si metteva la felpa offerta dalla ragazza: era un po' piccola, ma alla fine andava bene. Annusò quell'odore di pulito che caratterizzava tutta casa. Mikasa rimase lì, a fissarlo per qualche secondo; aveva notato che la felpa non era della taglia perfetta, ma comunque non si lamentava. Lei era appoggiata con una spalla al muro, mentre lui si continuava ad asciugarsi con l'asciugamano. E poi, la ragazza, non sopportando più quel silenzio, decise di aprire una conversazione:

Allora. . . Cosa ci facevi qui fuori a quest'ora? E per di più, in questo palazzo. . . chiese Mikasa staccandosi dal muro, avvicinandosi a lui. Eren alzò di poco lo sguardo per incrociare quello della ragazza, che era dinanzi a lui. Rimase a riflettere guardando l'asciugamano che aveva tra le mani: non aveva intenzione di dirle che si trovava lì apposta per vederla. Così sospirò, e si appoggiò allo schienale del divano dietro di lui.

Non facevo nulla in particolare, stavo tornando a casa. . . Poi, mentre passavo di qui ha iniziato a piovere, così mi sono rifugiato in questo palazzo. . . Ho citofonato a tutti ma nessuno mi ha risposto, fino ad arrivare al tuo appartamento   fece Eren cercando di essere più convincente possibile, cosa che non fu del tutto ottenuta dato lo sguardo perplesso di Mikasa.

Dodici piani e nessuno ti ha fatto entrare?   chiese la ragazza dirigendosi in cucina, spolverando con un panno il davanzale sporco di molliche di pane usato poco prima per cenare. Eren, invece, rimase lì mentre fissò la ragazza da dietro, abbastanza agitato e imbarazzato. Non sapendo cosa rispondere, si inventò la prima scusa che gli venne in mente:

Non ho citofonato a tutti, solo ad un appartamento per ogni piano . . . Poi vedendo che nessuno rispondeva, mi sono ricordato che tu abitavi qui, e ho pensato che fosse l'idea migliore dopo che ti ho aiutato per la spesa . . .   - detta in questo modo, poteva sembrare come una sottospecie di ricatto, equivalente a dire ' Io ti ho aiutata, ora tocca a te farlo'-   . . . Ti . . . Dispiace, per caso?   chiese Eren dopo aver notato che la ragazza non dava cenno di voler rispondere, continuando a pulire il lavandino, per poi posare il panno nel suo apposito contenitore. Lei, dopo questa domanda, si girò verso di lui: aveva uno sguardo molto dispiaciuto, quasi colpevole. Gli fece un po' di tenerezza dato che sembrava un bambino appena rimproverato dalla mamma. Lei gli sorrise con quel suo meraviglioso sorriso: ed ecco che ad Eren gli venne un colpo. Rivederlo era stato rigenerante, come l'aria fresca nei polmoni. Si ricordava di aver trovato quella particolarità di lei molto bella, ma non si aspettava di riviverla una seconda volta.

Ma no, figurati. . . D'altronde, mi dovevo sdebitare in qualche modo per il tuo aiuto con le buste. . . - si avvicinò di poco al ragazzo- . . . Certo, se lo avessi saputo prima mi sarei resa più presentabile   continuò la corvina, che si diede una rapida occhiata ai vestiti. Eren la scrutò attentamente, con l'intenzione di dirle che stava benissimo anche con quella maglietta larga, che data la spallina scoperta riusciva a mostrare il suo fisico snello e proporzionato. Si, aveva davvero voglia di dirle che era molto bella, ma non ne ebbe il coraggio, per via del suo orgoglio. Mai lo avrebbe fatto, oramai questo lo sapeva.

Non. . . Non ti devi creare il problema, anzi. . . Sono io che non dovevo presentarmi a quest'ora   rispose Eren abbassando lo sguardo, dispiacendosi per averle fatto perdere del tempo. Anche se in quel piccolo, non si pentiva affatto di aver premuto il citofono. Mikasa lo guardò presa da una specie di compassione, e gli sorrise; un sorriso che, però, Eren non vide.

Tranquillo, anche se sono in pigiama non stavo andando a letto. . . Anzi, posso dirti che mi hai salvato dalla noia   disse la ragazza accompagnata da una risata, che fece a sua volta sorridere Eren, che la guardò con sguardo sereno e rilassato. E pensare che prima si era pentito: ora non ci avrebbe pensato due volte a rifare quel che aveva fatto quella sera. Mikasa si riavviò in cucina.

Vuoi qualcosa da bere? Non so, del succo, del thé. . .

Che gusto di thé?   chiese Eren staccandosi dal divano e avvicinandosi alla ragazza in cucina. Mikasa aprì la sua dispensa, cercando di ricordare quali gusti aveva: difficile a farlo, ne aveva davvero tanti; andava matta per quella bevanda.

Allora, vediamo. . . Ai frutti di bosco, alla vaniglia e the nero, alla menta, the verde, nero o-

Vada per quello ai frutti di bosco   rispose Eren non trattenendo una risata: non credeva esistessero al mondo tutti questi tipi di the, dato che lui si limitava al the nero o verde. Mikasa ridacchiò insieme a lui, prendendo dalla dispensa la confezione di the ai frutti di bosco. Eren tornò in salone, mentre la ragazza mise l'acqua sul fuoco, intenta a rimanere lì per aspettare che fosse pronta. Nel frattempo, il ragazzo si stava guardando intorno, notando tutti i particolari della casetta, come ad esempio il libro sul piccolo tavolino, The Broker di John Grisham: conosceva bene quell'autore, e lo amava profondamente; poi notò quanto fosse ordinato il divano, bianco con dei cuscinetti grigi, e addirittura una coperta del medesimo dolore, piegata accuratamente e pogiata sul bracciolo. Era quasi spaventoso l'ordine e la pulizia di quel posto, tutto il contrario della casetta di Eren. Il ragazzo diede una veloce occhiata alla cucina, controllando che l'asiatica fosse ancora lì aspettando l'acqua riscaldare, per dirigersi alla tanto attesa libreria sulla parete: era nera, e si spostava bene con il colore bianco del muro dove era appoggiata; i primi tre scaffali in alto erano tutti pieni di libri, tranne quello al centro: teneva due cornici una davanti l'altra, alcuni libri sulla destra e un piccolo vaso con dentro una margherita. Si avvicinò a quelle cornici, che lo attraevano, in particolare la seconda, quella più nascosta. Controllò ancora la ragazza in cucina, che stava per versare l'acqua nelle tazze, e poi prese la cornice tra le mani: la foto raffigurava tre bambini, abbracciati tra di loro; il primo era un bambino dai capelli biondi e grandi occhi azzurri, che teneva in una mano un libro, mentre con l'altro braccio abbracciava una bambina dai capelli biondi, raccolti in due codini; indossava un vestito bianco con dei fiori lilla sopra, ed aveva un sorriso meraviglioso e contagioso, tanto che Eren sorrise di poco nel vederla; poi, la terza bambina era sempre abbracciata alla bionda, ma aveva dei capelli corvini lunghi fino alle spalle; i suoi occhi erano sereni, grigi e grandi; e poi, il suo sorriso, che avrebbe riconosciuto tra milioni al mondo: era stampato su quel volto, catturato dallo scatto della fotocamera, e sarebbe rimasto lì per sempre. Eppure, quel sorriso non gli trasmetteva le stesse cose di quando gli sorrideva Mikasa: nella foto lei sembrava essere più . . . Felice. Eren lasciò espandersi un sorriso sul suo volto alla vista di quella bambina così tenera e dolce, trovandola davvero adorabile. Scosse la testa scacciando in fretta quei pensieri: non era da lui. Posò la cornice dove si trovava, girandosi vedendo Mikasa portare due tazze in mano, e posandole sul tavolino davanti il divano.

Non sapevo quanto zucchero volebi, così te ne ho messo uno. . . Se vuoi l'altro te lo prendo in cucina. . . fece

Mikasa sedendosi sul divano, invitando il ragazzo a fare lo stesso.

Tranquilla, uno va più che bene   disse Eren per poi sedersi accanto alla ragazza, provando un grande piacere nel prendere la tazza calda avendo le mani gelate. Sorseggiò la bevanda percependo il gusto aromatico dei frutti di bosco, sentendo il lampone, le more e tutti gli altri frutti; il calore del the lo fece scaldare dall'interno, sentendo pian piano il freddo andare via, godendosi a pieno quella sensazione. Poi si girò verso Mikasa: anche lei beveva dalla sua tazza, tenendo però lo sgaurdo basso, fissando il pavimento. Il ragazzo si girò poi verso la cornice, e ancora dopo verso la ragazza accanto a lui, e vedendola così felice in quella foto, gli venne spontaneo fare una domanda:

Loro chi sono? I tuoi fratelli?   chiese Eren indicando con il dito la cornice. Mikasa alzò di poco lo sguardo per rivolgerlo prima alla foto, poi con una nota di malinconia ad Eren. Lui continuava a rimanere in silenzio in attesa di una risposta, non credendo di aver fatto resuscitare un Mikasa brutti quanto bei ricordi. Lei posò la tazza sul tavolino, e si asciugò le labbra con la mano, sistemandosi meglio sul divano.

No, loro non sono miei fratelli. . . Sono i miei migliori amici. Trascorrevamo praticamente tutte le giornate insieme

Strano, non ti ho mai vista con loro rispose Eren, notando che la ragazza abbassava lo sguardo e parlava con poca voglia. Forse aveva sbagliato a fare quella domanda.

. .Beh, in realtà Armin è tornato da poco da un viaggio in Europa, dunque non ho avuto occasione di vederlo molto. . . Mentre Christa. . . Qui la ragazza si incupì al ricordo della sua amica: le faceva sempre un po' male ricordarla, anche se credeva per lei fosse necessario superare questa fase, per poterne parlare senza problemi; ma era più difficile di quanto pensasse, tanto che a tre anni da quell'accaduto, ancora sentiva un dolore al petto. Eren la vide sotto quell'aspetto così malinconico, provando un senso di angoscia nel vederla così. Eppure di gente soffrire ne vedeva, e anzi, ci provava gusto nel farlo. Ma con lei non gli piaceva: vederla così triste lo contagiava, sentendo in lui un sentimento contrastante, quasi simile al suo. E pensare che se si fosse trattata di una delle sue vittime, avrebbe continuano fino al giorno successivo a farla impazzire e piangere, sentendo piacere nel farlo. Ma anche se voleva, sentiva che a Mikasa non sarebbe mai riuscito a fare una cosa del genere. Sospirò, sentendosi quasi in colpa per la sua domanda, e la corvina lo notò. Si affrettò, dunque, a rispondere:

Christa è venuta a mancare tre anni fa. . . confessò Mikasa tutto d'un fiato. Non gli disse né come né dove, non volendo e non riuscendo ad entrare nei dettagli. Eren la osservò, cogliendo nei suoi occhi una malinconia mischiata all'imbarazzo, dovuto forse alla sua reazione a quella domanda. Eren posò la tazza ormai vuota sul tavolino.

Ha smesso di piovere. . . notò Eren guardando dalla finestra, per poi girarsi verso Mikasa, che stranamente aveva annuito con una sorta di tristezza. Forse dovuto a tutto quel parlare, pensò Eren. Si alzò dal divano, intento a portare la tazza in cucina, ma venne bloccato da Mikasa dicendogli che ci avrebbe pensato lei.

D'accordo. . . Allora, io vado. . . fece Eren dirigendosi alla porta, seguito da Mikasa. Lui l'aprì uscendo dell'appartamento, mentre Mikasa si appoggiò sulla soglia della porta, guardandolo con quegli occhi malinconici. Non credeva quella sua domanda l'avesse scossa così tanto. Eren si mise davanti a lei, fissando nei suoi occhi come per capire cosa avesse per essere così triste, ma lei sembrava come aver messo un muro davanti, non permettendo a nessuno di poterlo distruggere. Eren sospirò.

Beh... Allora... Ci vediamo... Grazie Mikasa   fece Eren girando i tacchi, mettendosi le mani nella felpa (che aveva scordato di ridarle) e camminando per il corridoio; ma venne presto interrotto dalla voce di Mikasa, che lo richiamò non muovendosi da lì. Eren si girò verso di lei, notando il suo sguardo cambiato: da triste era diventato imbarazzato e nutriva di... Speranza. Era Strano dato che sembrava quello di una bambina che aveva appena chiesto un giocattolo alla mamma sperando che lei potesse dire di sì. Rimasero così per qualche secondo, con la ragazza indecisa se parlare o meno. Ma alla fine si diede coraggio, la stessa spinta che poco prima lui aveva avuto sotto al portico con il dubbio se andare da lei.

Io non mi trovo male con te... E spero neanche tu con me: sarebbe bello se ci vedessimo più spesso   La ragazza abbassò lo sguardo fissando le sue ciabatte, tenendosi una mano sull'altro braccio. Non osava guardarlo nei suoi occhi che, per ironia della sorte, cercavano proprio di incrociare il suo sguardo. Eren si era voltato totalmente verso di lei, rimanendo per così tanto tempo a fissarla che quasi si era dimenticato della sua domanda. Si riprese. Era sbagliato accettare? Lui era un assassino, avere un'amica per lui era troppo, e sapeva benissimo che non se la meritava, assolutamente. Se solo lei avesse saputo chi era realmente, non lo avrebbe neanche guardato negli occhi e sarebbe corsa dalla polizia. Si, era sicuramente sbagliato. . . Ma non voleva lasciarla andare in questo modo: sentiva di avere un'occasione, per qualcosa che neanche sapeva. Era uscito per trovare una risposta, ma aveva solo catturato altri dubbi su ciò che sarebbe stato giusto o sbagliato. Ma a vederla così, con quello sguardo e quel sorriso. . . Quel sorriso. . . Tanto raro quanto stupendo, immaginava di poter sorridere anche lui in quel modo, e perché no. . . Ridere. Se era sbagliato, allora avrebbe commesso il più grande errore della sua vita. . . Ma preferiva sbagliare:

  Certo, mi piacerebbe molto anche a me

Così quelle parole lasciarono sorridere Mikasa. Lasciarono sorridere Eren, che si sentiva di nuovo quella leggerezza nel suo corpo, come potesse volare da un momento all'altro. La vide chiudere la porta, e lui rientrò in ascensore. Teneva quel sorriso stampato da ormai dieci minuti, anche appena uscito dal palazzo. La pioggia aveva smesso di essere feroce, ed il cielo si era aperto, lasciando che la luna lo illuminasse nella sua più totale bellezza. Respirò a fondo quell'odore di terra bagnata che dava in lui una sorta di estasi. Si sentiva. . . Bene. Lasciò quel posto dando un'ultima occhiata all'appartamento, sorridendo nuovamente al ricordo di quella ragazza. . . Di quella sua. . . Amica? Si, forse era presto per dirlo, ma quella parola per lui era sempre stata sconosciuta. Ed ora erano davvero parte della sua vita, quelle cinque lettere.

Era uscito per trovare una risposta, eppure non aveva fatto altro che accrescere i suoi dubbi. Anche se, in-consapevolmente, aveva davanti a sé un libro aperto: avrebbe solo dovuto imparare a leggere.

Capitolo 3

Due settimane dopo

Erano passate due settimane dalla scoperta del cadavere di Nanaba. Da lì, non ci furono altri attacchi, ma le indagini proseguivano e diventavano sempre più impegnative per gli agenti, soprattutto dopo la scoperta del marchio di Rouge Titan sul corpo di Nanaba: Levi e Mikasa, così come gli altri detective, sospettavano in un possibile imitatore dell'assassino, uno che voleva fare scena: era capitato più volte che qualche pazzo si spacciasse per Rouge Titan facendo perdere tempo alla polizia, che di voglia di scherzare ne aveva ben poca. Ma più credevano a quella teoria, più sembrava essere meno plausibile: perché nascondere la vittima in un sacco dell'immondizia sulle rive di un fiume in piena notte? E inoltre, il killer non aveva dato cenno neanche di aver sfiorato una pistola, mentre sul corpo di Nanaba erano presenti ben due ferite d'arma da fuoco. Questo ragionamento non aveva senso: il voler imitare un serial killer, sbagliando totalmente. E non si poteva certo trattare di incapacità da parte dell'assassino. Ma se si trattava davvero di Rouge Titan. . . Allora si potevano dire aperte le porte di un lungo e lento periodo di dubbi e tragedie.

Sua madre glielo diceva sempre che sarebbe stato pericoloso, che il suo lavoro l'avrebbe portata in posti oscuri che la sua mente innocente e perennemente bambina, non poteva sopportare. Ma lei la ignorava con un semplice sorriso, come le dicevano. . . Sorridi e annuisci, e così lei faceva, e sempre lo avrebbe fatto: anche dopo la sua scomparsa le disubidiba. Sua madre le diceva anche di non far amicizia con gli sconosciuti, eppure ben due settimane fa, conobbe un ragazzo dai bei capelli bruni, e da quel giorno in cui lui la venne a trovare bagnato da testa a piedi, cominciarono a sentirsi più spesso, a volte nel tempo libero anche a vedersi. La cosa era strana e nuova per entrambi, soprattutto per Eren: ancora gli suonava strana la parola amica, tanto che quando l'aspettava davanti ad un locale o sulla panchina di un parco, e la sua coscienza gli gridava "ehi guarda, c'è la tua amica!" non credeva nemmeno fosse sua quella vocina in testa. Quelle cinque lettere non erano mai state disegnate nella sua vita, né scritte né pronunciate. . . Neanche l'ombra di quella definizione così strana: aveva imparato perfino a riconoscerla dai suoi gusti, come ad esempio che le piaceva il gelato alla vaniglia, ma non poteva neanche sentire l'odore di quello alla menta; oppure, che amava i film horror e detestava i romanzi rosa; o anche che il suo colore preferito era il rosso, e quello che le piaceva di meno era il marrone. Saperla distinguere non solo dall'aspetto, ma anche da questi piccoli particolari, lo faceva quasi sorridere. Mentre Mikasa, non si era mai ritrovata a chiedere un'amicizia: i suoi occhi l'avevano attratta, e questo lo ammetteva senza vergogna, ma non credeva a tal punto di voler instaurare un rapporto. Era un'amicizia abbastanza strana da come era nata, ma faceva sentire bene i due ragazzi, e dunque. . . Perché no? Eren, però, sapeva che forse avrebbe commesso un errore nel farlo: e se lei avesse scoperto la sua identità? Come avrebbe reagito? Ci aveva pensato quei pochi secondi di fronte a lei nel corridoio dell'appartamento, ma dissolse quei dubbi e preoccupazioni in una nube di fumo, sentendosi al sicuro da tutto. Era una sensazione che gli faceva da scudo, bloccando la sua stessa ira e preoccupazione che cercava di colpirlo. Si sentiva protetto. . . E chissà per quanto lo sarebbe stato.

Quella fresca brezza autunnale picchiava le goti arrossate del ragazzo che si aggirava per le strade di New York. L'aria fresca accompagnata da un odore di foglie secche e del fumo del camino che usciva dai tetti delle case, riportava, nella sua mente, ricordi della sua infanzia. Ogni anno, assisteva a giochi di colori con le foglie che si divertivano a ballare il valzer, vestite ognuno di colori diversi. Chi si vestiva di rosso fuoco, chi di giallo intenso e chi di marrone che si memitizzava con i rami degli alberi. O anche, alcune che decidevano di non cambiare, e di rimanere del perfetto verde di quando sono nate. Ma forse, non era perfetto da parte di tutti, ma era ciò che rendeva l'autunno. . . speciale. La perfezione disastrosa mischiata al perfetto disastro, cosa che viene chiamata da tutti arte. Ma per Jean Kirschtein, il suo concetto d'arte era molto diverso.

Il ragazzo continuava a girarsi intorno, in cerca di un locale per bere qualcosa, ma non era molto facile trovare posti aperti alle due di notte. Camminava e camminava, cercando di abituarsi a quel luogo, ma non ci riusciva.

Erano passati pochi mesi dall'ultima volta che visitò quel posto, ma sembrava come se non ci fosse mai stato. Ma, in fondo, non era lì per una vacanza.

Dopo aver girato per più di mezz'ora, trovò un localino nei pressi del Queens; un posto molto povero, e anche un'attrazione per molti malviventi. Non a caso, gli omicidi di Rouge Titan, facevano luogo in quartieri come questi. Ormai, la notizia degli orribili omicidi del giustiziere di New York, avevano fatto il giro del mondo. Era considerato una belva da tutta la popolazione, infatti il tasso di turisti calò del 40% ripetto agli anni precedenti. Di certo New York, era diventata la città più pericolosa al mondo, chiamata addirittura "La città del demonio".

Aprì la porta di legno di quel piccolo locale, dove un odore potentissimo di alcol, penetrò nelle sue narici. Scrutò quel luogo da cima a fondo, come un detective in cerca di indizi. Le mensole, erano interamente occupate da alcolici e vini; sembravano messi anche in ordine di provenienza, di grado e di qualità. Forse l'unica cosa ordinata di quel posto. Su altre mensole, si trovavano vecchi oggetti antichi, come orologi da tasca, o delle navi in bottiglia, ricoperti interamente di polvere. Sul soffitto, non si trovava un lampadario, ma solo una piccola e debole lampadina, pronta a cadere da un momento all'altro, che penzolava, come se ci fosse un terremoto; ma invece era dovuto all tremare del pavimento del locale, provocato dai piedi di gente che saltellava ubriaca. C'erano circa venti persone, ma bastavano per provocare una confusione pari a quella di una discoteca. Si poteva vedere gente con due sigari in bocca mentre si scolavano la quinta, forse sesta, bottiglia di birra.

Il ragazzo, riluttante, si diresse verso il bancone togliendosi la sua enorme giacca di pelle marrone scuro, che portava sempre, e l'appese su un porta abiti vicino all'ingresso, rimanendo con una camicia a quadri nera, rossa e bianca. Si sedette su uno di quei sgabelli cigolanti davanti al bancone, cercando, in qualche modo di mettersi comodo. Rimase a guardare per qualche secondo il tizio davanti a lui, che doveva essere il cameriere; un anziano sulla sessantina, abbastanza in carne con dei baffi a manubrio. Continuava a giocherellare con il telefonino, non essendosi neanche accorto della presenza del ragazzo, che, nel mentre, cercava di attirare la sua attenzione.Con un colpo di tosse, alla fine fece girare il cameriere, che posò il suo sguardo su quello del ragazzo. Lo scrutò da cima a fondo, come esaminandolo, con una smorfia schifata. Aveva la maglietta sudicia, dove uscivano alcuni peli riccioluti dal petto. Il ragazzo davanti a lui si trattenne dal non vomitare, e si chiese perchè mai avesse scelto un locale del genere.

Hai bisogno di qualcosa? chiese l'uomo avvicinandosi al ragazzo, alitandogli in faccia, lasciando una puzza di alcol e sigaro. Il ragazzo davanti a lui si posò una mano sulla bocca cercando di non odorare quello spiacevole odore.

Una Caipirinha, grazie disse per poi vedere l'uomo dirigersi verso il bancone degli alcolici, indicando con l'indice tutti le etichette delle bottiglie cercando quella giusta, sussurrando tutti i nomi che leggeva, per aiutarsi a trovarla.

Gin, Vodka, Vermouth, bourbon. . . eccolo . . . disse prendendo la bottiglia trasparente del liquore. Ne versò poco a poco nel bicchiere, aggiungendo ghiaccio e lim e.Il ragazzo prese il bicchiere accennando un grazie, e prese a bere tutto d'un fiato.

Ci si va giù pesante, eh?

Il ragazzo si girò in direzione della voce che aveva appena sentito, e vide un uomo seduto accanto a lui con un cappello sul viso, come a volerlo nascondere; dal

copricapo, fuoriuscivano dei capelli biondi, sparsi; aveva un cappotto di pelle nera, con dei jeans strappati;
sembrava appena rientrato da una guerra. In mano,
aveva un bicchiere di alcolico. Gin, presuppose il ragazzo
. Doveva essere Gin il liquido dentro quel bicchiere.

Già, oggi ho proprio bisogno di calmarmi   disse il
ragazzo portando il bicchiere alla bocca.

Perchè. . .   - fece una pausa per bere l'ultimo sorso del
bicchiere -   . .ti è successo qualcosa?   Il ragazzo sospirò

No, non proprio. Ecco, vedi, sono qui per finire una
cosa. . .

Se si tratta di visitare New York, non ti conviene: non
hai mai sentito parlare di Rouge Titan? Lo spietato Killer
che si aggira per queste strade. . . siamo tutti spacciati
disse lasciandosi scappare una risatina. Non sembrava
per niente agitato dalla situazione, anzi, sembrava divertito.

Non sono qui per una gita turistica. . . E si, né ho sentito
parlare. . .ma potrei sapere di più su questo killer?

. . Non c'è molto da sapere; le informazioni sono
poche: l'unica cosa che si sa, è che Rouge Titan ha pre-

so da esempio e da ispirazione Jack lo squartatore. . .
Sai, quel pazzo che di notte andava a squartare gente
inviando addirittura le loro budella alla polizia. . . Certo,
Rouge Titan non lo fa. . . Ci mancherebbe altro . . .
un altro bicchiere per favore   disse l'uomo porgendo il
bicchiere vuoto alla persona dietro il bancone, che lo
riempì subito con altro Gin.

..Spaventoso, oserei dire. . . E dimmi, come mai viene
chiamato Rouge Titan? Si fa chiamare lui così?   chiese il
ragazzo chiedendo anche lui un altro bicchiere.

Non so, ma è un soprannome dato dai cittadini: Rouge
Titan, ovvero "Gigante rosso". . .viene chiamato così
perchè viene considerato un gigante, un uomo potente.
Rouge sta per Rosso In francese, e la Francia è consid-
erata "elegante", così come il suo modo di assassinare. .
. Ci sono molte storie inventate su di lui: alcuni pensano
sia il figlio del demonio o Satana in persona, venuto
qui per punire, prima New York, e poi tutto il resto del
mondo. . .   - l'uomo fece una pausa per riprendere a
bere -   . . . Alcuni, invece, pensano sia un Dio, venuto
per eliminare i mali, infatti, da alcuni viene venerato. .
. già . . . un Dio sporco di rosso del sangue delle sue

vittime   disse quasi assente, come se non si ricordasse che stesse parlando con qualcuno.

Lo venerano addirittura?   chiese Jean bevendo un altro sorso della sua bevanda. La gola iniziava a bruciare e l'alcol a scorrere in lui.

Altroché! Pensa, ci sono addirittura dei club dedicati a lui e alle sue adulazioni. . .   disse l'uomo giocando con il bicchiere ormai vuoto.

. . Ma per quale motivo? È pur sempre un killer. . . .   disse Jean.

Si, ma ecco. . . Lui uccide e tortura donne viste. . . Diciamo, in malo modo

Malo mod-

Puttane, caro mio: non a caso alcune vittime sono state trovate accanto a strip club, o altre con qualche vestito addosso non suo né tantomeno del marito. . . Per capirci meglio, le sere in cui venivano uccise. . . Si trovavano poco prima a divertirsi con i loro amanti. . . O a volte lo scoprono anche solamente indagando. . .   disse l'uomo ridendo. Il suo modo di affrontare quell'argomento era spaventoso, tanto che lui sembrava davvero divertito da tutto ciò.

Inquietante. . .   fece il ragazzo finendo il terzo bicchiere.

Già. . . infatti mi chiedo che cosa ci fai qui, dovresti essere spaventato. . .

No, non lo sono. . . E poi, sono qui per motivi che vanno ben oltre la paura   - fece una breve pausa, per poi ricominciare a parlare in modo assente, come se stesse ricordando ad alta voce -   . . . Qualche tempo fa, incontrai una ragazza. . .era bellissima: sembrava una dea. . .   - disse con occhi sognanti, ricordando il volto della fanciulla -   . . . Capelli corvini meravigliosi che le ricadevano sulle spalle, occhi neri come la notte profondi come pozzi, pelle candida e pallida, come di porcellana. . .

Una principessa, direi   disse, invece, l'uomo lasciandosi scappare una risatina, per via del modo sognante e poetico con il quale la stava descrivendo.

Esatto. E sarei anche riuscito a portala a letto, ma un'idiota si è messo in mezzo e l'ha portata via con lui . .
.   disse il ragazzo a denti stretti, stringendo i pugni dalla

rabbia a quel ricordo. Era ciò che lui chiamava tempismo sbagliato.

Sarà stato il suo ragazzo . . . D'altronde, una ragazza così bella, non può non essere impegnata . . .   fece l'uomo mettendosi una sigaretta in bocca, accendendola con un accendino.

Si, ma non mi interessa, sai . . . Io prendo ciò che voglio, e se io voglio scoparmi quella ragazza, lo farò. . . Prima o poi. . . Anche per vendicarmi con quell'idiota che mi ha interrotto quella volta. . .   fece Jean osservando il bicchiere davanti a lui, spostandolo da una parte e dall'altra con l'indice.

Dopo tutto questo tempo? Amico mio, penso che ormai sia troppo tardi. . .   disse togliendosi la sigaretta dalla bocca, facendo uscire una nuvola di fumo.

Beh, la vendetta. . .è un piatto che va servito freddo. . .

Dimmi che non lo hai fatto davvero   fece la ragazza al telefono mentre piegava alcuni panni sul letto: era entrato da poco l'autunno: le foglie colorate svolazzavano per tutta la città, in attesa di staccarsi da tempo da quei rametti secchi degli alberi; i tetti delle case cominciavano a far fuoriuscire del fumo che dava l'odore di quel legno bruciato che riscaldava i cuori della gente; le giornate avevano iniziato a diventare più fresche, costringendo la gente a coprirsi con abiti pesanti; ma questo comportava ad una cosa: il cambio di stagione. Una delle cose più odiate da Mikasa, e forse da gran parte delle mamme che dovevano lavare i vesiti invernali, svuotare e riempire i cassetti e costringere i propri figli a privarsi ogni singolo abito per vedere se poteva ancora indossarlo o se era diventato piccolo. Stessa cosa toccò a Mikasa, che si dovette provare ogni abito; poi fece una grandissima lavatrice dove lavò tutti i suoi panni invernali, scartandone però pochi dato che non si era né alzata né ingrassata: continuava ad avere un bellissimo fisico snello e dalle belle forme, che tante ragazze le invidiavano sin dall'adolescenza.

Prese dal mucchietto di panni sgualciti sul letto, una maglietta a maniche lunghe; la ripiegò e la mise accanto ai vestiti piegati sull'altro lato del letto.

Ti giuro Mikasa! fece il bruno dall'altra parte del telefono. Si trovava in giro alla ricerca di un qualche negozio per comprare qualcosa da mangiare: non era tipo da far spese enormi che potevano sfamarlo per uno o due mesi, ma gli bastavano quelle poche cose sufficienti per la settimana. Non si creava molti problemi per uscire, dato che odiava stare dentro casa.

Eren, sei un caso perso   fece la ragazza prendendo un altro maglione azzurro: amava quel tipo di vestiti, tanto che amava l'inverno solo per quello e per la cioccolata calda. Lo riportò accuratamente e lo posò accanto alle magliette già piegate.

Non è colpa mia se quel tizio assomigliava ad Ed Sheeran, con quegli occhiali e quei capelli rossi. . . e poi aveva anche una chitarra, insomma. . . era uguale!   disse Eren con un tono di imbarazzo, per poi entrare in un minimarket: l'america ne era piena, e la gente li sfruttava soprattutto per i prezzi molto economici.

Ma dopo che ti ha detto che non era lui, hai continuato   disse Mikasa sistemando tutte le magliette piegate in uno dei cassetti già vuoti: i panni estivi li aveva già sistemati in dei sacchi dentro lo sgabuzzino. Le sistemò al lato destro del cassetto, tenendo il telefono in vivavoce sopra il mobile davanti a lei, per poter sentire e parlare bene con Eren.

Nah, tutti i cantanti fanno così

Ma non tutti chiamano la polizia e urlano che un pazzo lo sta inseguendo. . . disse Mikasa continuando a sorridere. Trovava la storia di Eren buffa quanto quelle di Sasha, e non lo credeva neanche tipo di cose del genere.

Prese poi i maglioni, e li sistemò al lato sinistro: amava essere perfetta e ordinata in tutto, tanto che la casa non era mai stata in disordine da quando l'aveva comprata.

. . questi sono dettagli, Mikasa, dettagli. . .

Si certo, vai a dire così alla polizia fece Mikasa per poi piegare i pantaloni, sempre presi dal mucchietto di panni sgualciti.

Non andrò mica in prigione per aver giustamente importunata una persona fece Eren prendendo da uno scaffale una confezione di biscotti alla panna con gocce di cioccolato: erano i suoi preferiti, anche se so ritrovava a combattere contro la voglia per quelli ripieni di crema alla vaniglia.

Giustamente?

Certo

Ah beh, se lo dice Eren Jaeger è giusto; sai, saresti un ottimo avvocato...

Se avessi la laurea... disse Eren spostandosi al reparto frigo, prendendo una confezione di latte.

Se tu avessi studiato... disse Mikasa sistemando anche i pantaloni al centro.

Non serve studiare, Mikasa. Io non ho fatto niente, eppure sto benissimo fece Eren prendendo una bottiglietta di shampoo all'aroma del pino selvatico: era in assoluto quello che preferiva, sia per l'odore fresco e buono che per il fatto che rendeva i suoi capelli morbidi e profumati.

Se ti sentisse Armin... a proposito... disse Mikasa facendo una pausa per riflettere. Era da tempo che lei parlava di Armin ad Eren, definendolo in tutti i modi possibili: un ragazzo pieno di cultura e sapienza, ma anche un nerd preso troppo dai suoi amati manga, incollato ai libri tutto il giorno. Non andava neanche matto per le serie TV, considerandole surreali e noiose, ma sarebbe stato le ore a vedere dei "disegni" (così definiti da Mikasa) che combattevano pronunciando frasi insensate. Eren sembrava conoscerlo quasi quanto lei,

ormai gli bastava solo vederlo. E Mikasa non avrebbe
aspettato:

Ehi ascolta. . . In questi giorni, sempre se il lavoro non
mi tiene impegnata, possiamo vederci? Dovrei mostrarti
una cosa. . .   fece Mikasa entusiasta, dirigendosi verso
l'armadio, con il telefono in vivavoce in mano, che poi
poggiò sul letto. Eren, nel frattempo che stava in chiamata, si diresse alla cassa dopo aver preso altre cose
come pomodori, un po' di mele, della marmellata di
albicocche e delle salsicce.

Si certo, non ci sono problemi. . . I miei turni di lavoro
sono il mercoledì e il venerdì, a volte di domenica, per
cui meglio evitare quel giorno. . .   - si mise a riflettere
poggiando le sue cose sul bancone del market -   . . .
Dunque. . . Va bene il sabato?   chiese Eren, parlando
della sua unica giornata libera: aveva trovato da tempo
lavoro come commesso in un minimarket, uno molto
simile a quello dove si trovava in quel momento. Ci
lavorava poco, due o massimo tre giorni alla settimana,
ma aveva abbastanza denaro per togliersi anche qualche
sfizio ogni tanto.

Sabato. . . Penso non ci siano problemi, a meno che
qualche imprevisto… fece Mikasa appendendo ad una

delle tante stampelle vuote, un giaccone abbastanza pesante, di colore rosa antico; aveva anche un pellicciotto attaccato al cappuccio.

Vada per sabato. . . disse Eren che, attendendo che la signora alla cassa finisse con i conti (era abbastanza anziana, per cui ci avrebbe messo tanto), prese da accanto a lei, un pacchetto di gomme da masticare, aggiungendole al conto. Mentre Mikasa sistemava il suo armadio, Eren le fece una domanda che gli venne solo in quel momento:

Ma cosa devi mostrarmi? chiese il ragazzo.

Sono 27,50$ disse l'anziana signora aspettando che Eren le desse la cifra richiesta. Quel suo sorrisetto da nonna generosa lo faceva sentire in imbarazzo, e presto si affrettò a tirare fuori la carta di credito, tenendo il telefono tra l'orecchio e la spalla. Mikasa, che intanto stava sistemando alcuni cappelli e sciarpe in un cassetto dentro l'armadio, si mise a sorridere alla domanda.

Diciamo che è più un incontro fece la ragazza chiudendo l'armadio. Aveva finalmente finito dopo due giorni che lavorava a quel maledetto cambio di stagioni, ormai sfinita da quel lavare, stendere e sistemare.

Un incontro... Con chi?   chiese Eren salutando di fretta l'anziana dietro il bancone, e prendendo l'unica busta in una mano, e uscì dal negozietto.

Ti ricordi di Armin, no? Il mio amico di cui ti parlo sempre

. . Si, come faccio a dimenticarlo: il nerd amante di anime e manga   disse Eren con un sorrisetto sul volto, mentre prendeva la via per tornare a casa. Mikasa si sdraiò sul suo letto potendo finalmente mettere il telefono all'orecchio, non dovendo più sentire a tratti la voce da lontano.

Si, esatto: vorrei fartelo conoscere

Forte, non mi dispiace!. . . Ora ti saluto, sono arrivato a casa; ci vediamo sabato   disse Eren.

Mikasa sorrise, aspettano qualche secondo.

Capitolo 4

Eren, smettila di fare confusione! È tardi, devi andare a dormire esclamò la madre di Eren

Mamma io non ho sonno! Voglio continuare a giocare con la play! si lamentò il bambino, cercando di dimenarsi dalla sua presa

Devi andare a letto, domani dovrai andare a scuola - continuò la mamma prendendo il figlio in braccio.

MA IO NON HO SONNO! urlò Eren versando qualche lacrima di rabbia. La mamma lo prese delicatamente in braccio e lo accarezzò con la sua mano delicata. Il tocco rassicurò il bambino, che smise di piangere.

Vuoi che ti suono una ninna nanna? disse la madre con tono dolce e rassicurante

Le ninna nanna sono per bambini piccoli, mammi, io ho cinque anni, sono grande ormai!   disse con tono fiero, vantandosi di essere un bambino grande.La mamma si lasciò scappare una risata, guardando orgogliosa suo figlio crescere. Era un bambino sicuro di sé ma molto testardo. Spessosi trovava in situazioni da cui uscire sembrava impossibile, ma lui ci riusciva sempre; e anche se ogni volta prendeva schiaffi a destra e a sinistra, non si arrendeva mai. Non lo aveva mai visto vincere, ma non lo aveva neanche mai visto perdere.

Sai . . . anche gli adulti, qualche volta, quando si sentono giù, ascoltano le ninne nanne per rassicurarsi. .   disse la mamma dirigendosi davanti una porta.

Mamma perchè mi hai portato nella stanza proibita?   Era così che Eren chiamò quella stanza. Carla, sua madre, gli priobì l'accesso in quella stanza, e il motivo era sconosciuto. Eren, una volta, provò ad entrare e ciò che vide non fu molto chiaro, poichè la madre non gli diede neanche il tempo di dare una sbirciatina. Da quel momento, la madre chiuse con un lucchetto la stanza, e da lì Eren non riuscì più ad entrare nonostante i svariati tentativi. La curiosità era troppa per restare fermi a guardare quella barriera di mogano, ma nonostante ciò, il bambino non potè far altro che stare a fissarla, nella speranza che essa si distrugga da sola in mille pezzi.

È ora che tu sappia cosa ci sia dentro questa stanza . . . disse la madre estraendo la chiave del lucchetto dalla collana che portava attorno al suo collo.Dire che Eren era eccitato era alquanto riduttivo. Per anni, cercò in mille modi di entrarci, arrivando anche a prendere la porta a calci. E adesso, era la sua occasione, doveva ricordarsi tutto ciò che c'era in quella stanza, memorizzando tutto e scrivendolo sul suo quaderno. Non avrebbe avuto una seconda volta per vederla.

Carla aprì la porta lentamente, mentre la testolina di Eren faceva capolino. Appena i due occhi verdi videro la stanza, rimasero leggermente delusi. Si aspettava qualcosa di fantastico, come pistole, spade, una macchina da corsa o anche meglio, un'astronave, ma ciò che vide fu tutt'altro di ciò che immaginava: al centro della stanza era posizionato un pianoforte, lucidato come se fosse qualcosa di inestimabile; i tasti erano così lucidi che era possibile poter vedere il proprio riflesso con tutti i minimi particolari su di esso, come ad esempio i piccoli brufoli che spuntavano ad Eren sulla fronte.

Il bambino, anche se leggermente deluso, si avvicinò curioso, scrutando attentamente quel pianoforte, come in cerca di indizi. Dopo qualche minuto rimasto a fissarlo, cominciò ad essere affascinato da ciò. Girava intorno, quando provò a premere i tasti, ma la madre, frettolosamente, si sbrigò a fermarlo.

Eren, quest'oggetto è molto prezioso. È meglio se non lo tocchi, tesoro. .   disse Carla, portando il figlio sul letto davanti al piano.

Mamma, che ci fa questo piano qui? E da dove viene? Quando lo hai preso? Papà lo sa che c'è questa scatola rumorosa qui dentro? E se non lo sa? Ti maderà alla polizia? O ti lascierà?   chiese Eren tempestandola di domande, mandando in confusione Carla che non fu in grado di capire nemmeno una di quelle richieste.

Questo è un pianoforte tramandato da molte generazioni. .   disse la madre guardando quel piano come fosse suo figlio, la cosa più preziosa della sua vita. Si avvicinò lentamente al pianoforte accarezzandolo con molta delicatezza.

E perchè mi hai portato qui?   chiese Eren saltellando
sul divano, super energetico, come se avesse bevuto
Gatorade e caffè all'infinito.

Vedi tesoro. . .quando io e tuo padre ci sentiamo.
. . tristi, veniamo qui a suonare   Suonare? E perchè?   chiese il piccolo fermandosi guardando la mamma con quegli occhioni verdi che incantavano tutti.   La
musica è una forma di emozione. . . come quando tu pi-
angi,o urli. . .   disse Carla avvicinandosi e accarezzando
la morbida guancia di suo figlio, che al contrario cercò
di scansarsi bruscamente da quei gesti affettuosi.

Cerchi di sfogarti buttando fuori le cattive emozioni.
. .la musica lo fa al posto tuo. .   cominciò a raccontare
la madre, sedendosi sulla sedia posizionata di fronte
al pianoforte. Spostò una ciocca dei suoi lunghi capelli
morbidi color castano, dietro l'orecchio, e sistemò il suo
lungo vestito in stile borghese per potersi sistemare
meglio sulla sedia.Posizionò le sue mani delicate e mor-
bide, come fossero le mani di un angelo, sui tasti neri e
bianchi di quell'enorme piano.

Eren. .ora rilassati. . . e ascolta. .   disse la madre con
fare dolce, iniziando a premere le dita su quei tasti.
Il suono e angelico di quei martelletti che colpivano

le corde all'interno del piano, lasciavano nella stanza un'atmosfera delicata e rilassante. Le note che suonava, facevano parte del famoso brano "Kiss the Rain" dell'artista coreano Yiruma.Un brano così forte e delicato, che riusciva ad entrare nel cuore delle persone, facendo da tramite per comunicare con la propria anima. Le note che combaciavano perfettamente, creando quella melodia così perfetta, era ciò con cui la gente riusciva a capire se stesso, ciò con cui la gente riusciva ad esprimersi. Ogni nota, ogni verso. . .erano emozioni.

Eren, ascoltando quella musica, sentì come una stretta al cuore. Qualcosa lo aveva colpito. Sembrava quasi riuscire a vedere dentro l'anima sua e di sua madre, come uno specchio. Come fossero occhi che riflettevano ciò di cui tutti sono all'oscuro: se stessi.

Il bambino si adagiò al divano sentendosi rilassato più che mai. Un sorriso si fece largo sul suo volto, lasciando alla madre e a lui, un senso di serenità.

Eren. . . Piccolo mio. . .   sussurrò Carla continuando a suonare. Eren voltò il suo sguardo verso la madre, in cerca di una risposta alla sua chiamata.

Bacia la pioggia. . . bacia il dolore. . .ama i tuoi difetti, tesoro. . .per amare se stessi, bisogna prima acettare i propri difetti e i propri sbagli. Tutti ne commettiamo, ed è proprio in quel momento che impariamo ciò che sia giusto o sbagliato. Non sono le persone a deciderlo, ma sei tu Eren. Ognuno impara da sé, perché nessuno ti conosce più di te stesso. Perché qualsiasi persona, anche da chi te l'aspetti di meno, può buttarti giù. E Eren. . .tu cadrai, come tutti noi abbiamo fatto, ma devi essere in grado di rialzarti, devi essere forte per poterlo fare. Ci metterai giorni, mesi, anni. . .non importa quanto. Ma più dirai non ci riesco, e più sprofonderai. . .   diceva la mamma mentre continuava a suonare quella melo dia.Eren non capiva il motivo di quel discorso, ma ne rimase incantato. Più volte sua madre se ne usciva con questi discorsi angelici, che sembravano essere fatti da qualcuno di un'altra dimensione. Ma era solo la verità chd la gente non vedeva con occhi normali.

Quelle parole riuscirono ad entrare dentro di lui; la mamma aveva colto nei minimi dettagli, ciò che lui avrebbe sempre voluto sentirsi. Eren non si arrendeva mai, non finiva mai una lotta a testa bassa.

Mente Carla continuava a recitare quelle parole incantevoli suonando una melodia che, insieme a quelle parole, sembravano fatte per stare insieme, si lasciò cullare dalla musica cadendo in un sonno rilassante e privo di incubi.

Di nuovo. Di nuovo quel sogno. Eren si alzò di scatto nel bel pieno della notte, come succedeva tutte le sere. Era da mesi che sognava lei. Sua madre. La sua bellissima madre, mancata anni fa. Nonostante fosse passato così tanto tempo, non smetteva di pensare a lei tutte le sere.

Si toccò delicatamente il volto, riuscendo a sentire calde e umide lacrime. Quando la vedeva nei suoi sogni, credeva sempre che lei fosse ancora viva, che la sua morte fosse stato solo un brutto incubo. Ma il vero incubo, era quello di vederla ogni notte, facendo così crescere la nostalgia di Eren nei suoi confronti.

Ormai il sonno lo aveva abbandonato, così si alzo dal letto, dirigendosi in bagno per sciacquarsi la faccia. Quando vide il suo volto ricoperto ancora si lacrime davanti allo specchio, si accorse di una cosa: i suoi occhi.Non ostante fossero arrossati a causa delle lacrime, erano più. . . accesi. Quel suo verde smeraldo che li rendeva unici, era più vivace del solito. Le pupille erano dilatate;

sembravano gli occhi di un bambino che aveva appena ricevuto un nuovo giocattolo che desiderava da tempo. Erano così belli. Al contrario di come lo erano quando uccideva le persone. Già. . . in quel momento erano così spenti e spaventosi. Profondi sì, ma da intrappolarti nelle tenebre per sembre, anche solo con uno sguardo. Una cattiveria pura, che sale dritta dall'inferno ed entra nell'anima di colpo, forte.

Eppure erano in grado di cambiare: di tramutarsi da una pianta carnivora, ad un fiore delicato e fragile; ma soprattutto bellissimo e innocuo. Da un leone feroce e affamato, ad un coniglio docile e piccolo. La sua metamorfosi giornaliera era quasi da film di fantascienza. E si chiese anche in quali ambiti cambiavano: sapeva di essere un mostro durante i suoi omicidi, ma quando effettivamente, non lo era? Forse quando andava a lavorare dava l'idea di un ragazzo normale come tutti, che si alzava presto la mattina per recarsi al supermarket e stare dietro la cassa per circa quattro ore, e finito il suo turno o tornatava a casa o andava a fare una passeggiata. O forse anche quando stava con qualcuno che non fosse una sua vittima, come ad esempio Mikasa: quella ragazza era entrata nella sua vita improvvisamente, ma non si sarebbe mai aspettato che da un incontro così casuale sarebbe nata un'amicizia. E sì, non era ancora abituato a quella situazione, né a quelle parole. Forse era un sogno. . . Ma se davvero era così potente da non farlo risvegliare, allora non gli sarebbe dispiaciuto dormire per sempre. Ma allo stesso tempo, sentiva la sua parte interiore che continuava a gridare di uccidere, di andarsene a togliere vite per la quale era stato chiamato da lui. Ma quando abbassava la guardia, sembrava come risvegliarsi da un incubo. Tenere in mano il coltello era come essere in uno stato di trans da quando conosceva lei. Da quando quella ragazza dai capelli corvini gli rivolse la parola, faceva difficoltà anche a capire chi fosse realmente. O chi era sempre stato realmente.

Ma è giusto così, si ripeteva: da quando uccise la sua prima vittima aveva ben chiaro il suo movente, ma sembrava essersi dissolto con il tempo, rendendo quegli omicidi. . . Un'abitudine. Una di quelle difficili da togliersi, ma che non desiderava certo farlo. Si sentiva male? No. In fondo, quale demone si può pentire dei propri peccati se essere nato è uno di quelli.

Cosa penserebbe la mamma di me? Era una domanda che ogni notte, dopo quel dannato sogno, si poneva tenendolo sveglio. Era una sorte di maledizione, non voluta ovviamente. Cosa penserebbe la mamma? Di certo non lo premierebbe con delle caramelle o dei giocattoli. . . La mamma rimprovera i bambini, gli grida contro affinché capiscano i loro errori. . . Ma se non c'è nessuno che grida ad Eren di smetterla, come capirà lui di star facendo il suo più grande errore? Tutti i discorsi che Carla gli faceva sull'uguaglianza delle persone, dei neri e dei bianchi, dei cinesi e dei francesi, dei bassi e degli alti. . . La libertà la quale lei gli imponeva di impossessarsi. . . Si erano dissolti in una nube di fumo, lasciando però le ceneri in una parte di lui nascosta, tetra e impossibile da raggiungere. O quasi impossibile.

Quel quasi sussurrato involontariamente, gli fece capire che quei pensieri che stava avendo erano nuovi e non da lui: aveva riconosciuto in sé dei sentimenti contrastanti che lo bloccavano in qualsiasi cosa avesse a che fare con Rouge Titan, fermandosi durante un omicidio. . . Bloccandosi davanti a quei volti disperati. E piangendo difronte alla sua immagine. E il tutto da quando? Dove? Come? . . . Ma soprattutto. . . Perché? Per quale motivo si sentiva così in lotta con se stesso. E quei dubbi sparivano con quella ragazza. . . Quella maledetta Mikasa: non lo avrebbe mai ammesso difronte ad uno specchio, ma con lei stava bene. . . Si sentiva in qualche modo protetto, curato. Come quando si sdraiava sulle gambe della sua mamma che gli accarezzava i folti capelli bruni, mentre gli raccontava delle favole davanti al camino acceso. Il calore del fuoco e della sua voce erano la cura perfetta per il freddo e la tristezza che avvolgevano spesso il piccolo Eren, sin dalla sua nascita.

Inaspettatamente, altre lacrime calde e ancora più violente cadevano giù come cascate del Niagara. Non cessavano, come la sua rabbia e la sua delusione, che continuavano a crescere come fuochi lottando tra loro, sempre più grandi e potenti.

Alzò lo sguardo verso lo specchio intimorito, ma da se stesso. Si, perché nel riflesso non vedeva che un ragazzo insanguinato da testa a piedi, con occhi feroci e crudeli, una trappola per topi. Solo che in quel momento, il topo era lui: si guardò le mani, ma erano pulite, tutto il suo corpo lo era. Poi riguardò il riflesso: altro sangue che copriva quella figura. Capiva che nello specchio c'era un'altra persona. Ma era lui. Sempre E solo lui. Si ritrovò per la prima volta, ad avere paura di se stesso.

Si allontanò di scatto, sbattendo la testa contro il muro del bagno.Si lasciò trascinare a terra, stavolta non cercando di trattenere le lacrime.Pianse. Tutta la sera, tra urla e lacrime, passò la peggiore notte si tutta la sua vita. Stava male. Terribilmente male.

Rivoglio la mia mamma. . .voglio svegliarmi. . . diceva tra le lacrime e i singhiozzi, rimanendo con la schiena poggiata al muro, e la testa nascosta tra le braccia che avvolgevano le sue gambe. Era nella sua parte da coniglio debole e indifeso, che non riusciva a sottrarsi dal dolore. Piangere era l'unica cosa che poteva fare in quel momento: si sentiva improvvisamente in contatto con lei sue vittime grazie ad un'empatia: il pianto. La consapevolezza di non poter far altro che versare lacrime fino ad esaurirle, urlare fino a che sentiva le corde vocali spezzarsi: capire che non si poteva fare altro. . . In quel momento. Chiedeva aiuto. In alto, agli angeli come sua madre; in basso, ai demoni come lui. Davanti a sé. . . A chi ora lo aveva trovato nella sua tana e lo stava portando fuori:

Mikasa. . . aiutami. . .

Il mattino seguente, Eren si ritrovò a terra nel bagno, dove era rimasto la sera prima. Probabilmente, tutto quel piangere e sfogarsi, esaurì le sue energie facendolo cadere in un sonno profondo. Si alzò con ancora il volto leggermente umido, e i capelli pari a quello di uno scienziato pazzo dei suoi libri che leggeva spesso. Dopo essersi lavato e tolto quel pigiama, che consisteva in una maglietta larga e o boxer, i quali sostituì con dei blu jeans e una felpa verde smeraldo, si diresse verso la porta, con l'intento di rimanere nel solito bar tutto il giorno. Non fece in tempo nemmeno ad aprire la porta, che il telefono nella tasca vibrò. Un messaggio da parte di Mikasa. Quasi gli venne un colpo, e il respiro iniziò ad aumentare a dismisura. Ok, tutta quest'ansia non era normale per lui con una ragazza. . . Ma perché allora faceva così?

Mikasa:

Ciao Eren, volevo dirti che per oggi sono libera, se vuoi possiamo vederci alle 16:30. Fammi sapere se ci sei.

Si, si era parecchio agitato, ma l'ansia non accennava a volersi placare. Rilesse quel messaggio per altre cinque volte, rispondendo velocemente con un "ci sarò", per poi precipitarsi in bagno intento a farsi una doccia; non si era neanche annusato le ascelle, ma sapeva di avere l'odore simile a quello del sedere di un elefante.

Anche se erano solo le undici di mattina, voleva sbrigarsi e anche trovare uno sfogo per quelle ore libere. Prese anche dei vestiti nuovi, non volendosi vestire con le stesse cose di prima. Non badò nemmeno a cosa prese dall'armadio, bastava che fosse pulito e profumato. Si tolse i vestiti che aveva addosso, lasciando così nudi i suoi addominali. Non saranno stati paragonabili a quelli di un dio, ma erano comunque diegnati: era anche abbastanza bello con solo il suo volto, non gli serviva un fisico da palestrato.

Si infilò sotto la doccia, lasciando che l'acqua calda pulisse da quella sporcizia sia fisica che mentale, come i pensieri della notte precedenza. Il poter uscire con quella ragazza lo avrebbe aiutato quel giorno. . . E forse anche più avanti.

Quando quegli occhi azzurri incontrarono la biblioteca più famosa di New York, sorvegliata giorno e notte da pazienza e fermezza, i due leoni in marmo alle porte dell'edificio, si illuminarono di gioia. Da quando tornò dall'Europa, la cosa che più desiderava fare era tornare dentro quel bellissimo posto, pieno di cultura e libri, da far gola al padre di Giacomo Leopardi. Certo, di biblioteche ne aveva viste durante il suo viaggio, come la

British library a Londra, la Sainte-Geneviève a Parigi e
la Biblioteca Nazionale a Roma. Ma lì, ci era cresciuto.
Dentro quel posto dall'odore di carta, che gli rimase nel
cuore sin da quando aprì il suo primo libro.

Salì quei scalini euforico, e quando vide quella mon-
tagna di libri, rimase nuovamente a bocca aperta: davanti a sé un'enorme sala, occupata solo da grandi scaffali pieni di libri e dei tavoli o poltrone dove sedersi
per leggere. Ogni volta che entrava lì, non smetteva mai
di sorprendersi dalla vista di quei bellissimi oggetti che
rendevano la vita piena di cultura, perchè, come diceva
Leopardi, la cultura e il sapere rende l'uomo libero.

Si affrettò a raggiungere il suo scaffale preferito: Letter-
atura classica.Adorava qualsiasi tipo di libro, ma quello
in particolare. I libri sulla cultura classica, non smet-
tevano mai di affascinarlo. E, in più, non finivano mai!
La cultura non aveva davvero limiti! Ed era questo che
la rendeva unica.Aveva letto quasi tutti i libri di quello
scaffale; veniva qui ogni giorno, prendendo libri che
non aveva mai letto o che voleva rileggere, come i suoi
preferiti: i sonetti di William Shakespeare.

Con lo sguardo, cercava il suo sonetto preferito dell'autore. Si mise i suoi occhiali da vista, che lo rendevano un

vero e proprio nerd. Accompagnati agli occhiali c'erano una camicia a righe blu e bianca e dei pantaloni color senape a zampa di elefante. Non era il massimo in fatto di moda, ma di sicuro lo era nell'ambito culturale.

Appena trovò il libro che cercava, trattenne dentro di lui un grido di gioia. Aveva letto quel sonetto almeno dieci volte, se non di più. Si precipitò immediatamente a prenderlo, ma evidentemente non era l'unico: una mano affusolata, bianca come la neve con delle unghie colorate di un rosso sangue, si posò su quel libro nello stesso momento della mano di Armin.Il biondo arrossì di colpo capendo che quella mano apparteneva ad una ragazza, così la ritrasse subito. Era sempre stato un fiasco con le ragazze, mostrandosi impacciato e nervoso. Ecco perchè, in ventitré anni, non ne aveva mai avuta una; eppure Mikasa lo tormentava dicendogli che doveva prendersi una pausa dallo studio e dal mondo dei manga e anime, e di entrare in quello reale, farsi una ragazza e vivere una bella vita. Ma lui non l'ascoltava, preferiva vivere nel mondo della fantasia. D'altronde, il mondo reale non gli era mai piaciuto.

Oh, scusami. . . prendi pure il libro se vuoi. . .   disse la ragazza.Armin alzò finalmente lo sguardo verso di lei.

Appena incrociò il suo sguardo, si congelò all'istante. Capelli biondi come il miele, raccolti in una cipolla retta da due lunghi fermagli alla giapponese; degli occhi blu ghiaccio mai visti prima d'ora. E, in più, quella camicetta a maniche corte nascosta dentro una gonna beige, rimetteva a risalto le sue curve e il suo punto vita ben accennato, e le gambe snelle e perfette. Era di una bellezza inimmaginabile, che Armin neanche pensava potesse esistere.

C-come?   disse il biondo, cercando di formulare una frase di senso compiuto, per evitare di fare figuracce, ma sicuramente non avrebbe avuto successo.

Puoi prenderlo il libro: ho visto da come lo guardavi e quanto ti interessasse; quindi, prendilo tu   disse la ragazza rimanendo con uno sguardo abbastanza serio, ma con occhi che trasmettevano tanta dolcezza. Armin ci mise un po' a capire ciò che la ragazza gli disse. Era così occupato a fissarla, ed era anche nervoso. . . Estremamente nervoso. Il suo istinto da codardo, quasi lo costringeva a scappare, ma l'altro voleva a tutti i costi parlare con lei.

G-grazie, ma n-non serve. Avrò letto il. . . il libro almeno diciotto volte   fece Armin grattandosi la nuca imbarazz ato.La bionda, rimase così intenerita da quello sguardo così dolce, che, per la prima volta, accennò un sorriso. Un sorriso che Armin, aveva già dipinto nella sua mente, e che, forse, non riuscirà a cancellare.

Sai anche io l'ho letto molte volte. È di sicuro il mio sonetto preferito di Shakespeare. . . disse la ragazza spostando lo sguardo verso lo scaffale della libreria, guardandolo con occhi sognanti.

Nonché mio autore preferito . . . continuò la bionda, attirando immediatamente, l'attenzione di Armin, che di colpo, placò il suo nervosismo.

Davvero? Sai, è anche il mio! esclamò Armin euforico più che mai.La ragazza guardò estasiata quello sguardo così felice. Solo perchè avevano lo stesso autore preferito. Certo che certa gente si rallegrava con poco, mentre lei. . . Beh, lei faceva molta difficoltà solo ad accennare un sorriso.

Oh, . . . interessante. . . disse la ragazza, che lasciò un pò deluso il biondo dal suo tono apatico, che subito dopo si presentò imbarazzato.Era abituato a quello sguardo così freddo, e quel carattere così riservato della sua migliore amica Mikasa Ackermann, ma lei era diversa. Nonostante ciò, lo sorprese come quella rivelazione di lei bastasse per farlo sciogliere, e dunque credeva non sarebbe stato difficile: prese un bel respiro, e con il coraggio di uno che sembrava stesse per abbattere un drago di sessanta metri, si precipitò a parlare poco prima che lei si mosse.

Che . . . che ne dici di leggerlo. . . insieme?   chiese Armin nervosamente, torturandosi le maniche della sua camicia e mordendosi il labro inferiore. La ragazza, al contrario, sembrava rilassata. Rilassata ma stupita. Molto. Lo guardava quanto fosse nervoso, provando di nuovo quel senso di tenerezza che le fece sciogliere (di poco) il suo cuore ghiacciato.

Certo, perchè no?   disse la ragazza prendendo il libro e dirigendosi verso il tavolo per leggere. Armin non credeva alle sue orecchie. Stava decisamente sognando, non poteva essere la realtà: non era mai stata così bella, ed ora d'improvviso gli riservava così tante ricchezze? Poteva toccare il cielo con un dito dopo il suo consenso a leggere il libro insieme a lui, che non era di certo bello come quei ragazzi muscolosi delle riviste di moda. Di fatti si chiedeva il perché lei fosse ancora lì invece di averlo abbandonato. . . Si sentiva spesso a disagio a causa del suo aspetto, tanto che da piccolo lo scambiavano per una bambina; lui correva a piangere dal nonno o da Mikasa e Christa, e quest'ultima correva a picchiare chiunque lo prendesse in giro. Mentre alla corvina bastava uno sguardo per intimorire tutti. Per questo credeva che nessuna ragazza al mondo gli avrebbe rivolto la parola. Eppure ora, stava per trascorrere del tempo con lei, di una bellezza indescrivibile.

Scosse la testa dopo che vide la bionda avviarsi verso un tavolo.

Oh aspetta! Non so ancora il tuo nome   disse Armin pronunciando le ultime parole a bassa voce, ma la ragazza lo sentì ugualmente, e si girò lentamente.

Annie. Mi chiamo Annie Leonhart

Annie. Quel nome era bellissimo per Armin. Un nome così sentito, ma che su di lei si posava benissimo.

Armin. Io mi chiamo Armin Arlert

Allora Eddie, ci sei riuscito?   esclamò il ragazzo dall'altra parte del telefono. Con la mano sinistra, essendo mancino, scriveva gli appunti che il suo amico Eddie, gli forniva.

No, purtroppo no. .   disse abbassando il tono di voce, che sperava non sentisse le sue parole.

Che sarebbe a dire "no"!?   urlò il ragazzo alzandosi di scatto facendo cadere la sedia a terra provocando un rimbombo che si sentiva per tutto il grattacielo dove alloggiava, e avvicinandosi all'enorme vetrata all'interno dell'alloggio, cercando di calmarsi vedendo quel bel paesaggio di New York illuminata di notte. Ma la collera era così tanta che a calmarla, non poteva essere certo un bel panorama.

Senti, non è colpa mi-

Ah no!? E di chi può essere, secondo te!? Sei un incapace!

Ascoltami Jean! . . . È vero non ci sono riuscito, ma ho trovato un'altra che può farlo!   esclamò Eddie cercando di farlo calarmare. Era da più di quattro giorni che aspettava di avere quelle informazioni, ma non riusciva a trovarle.

Un'altra? E che è? una ragazza? E che voi che ne sappia una donna? Facevi prima a trovare un cane!   disse innervosito Jean versando del Chianti nel suo calice.

Fidati, è brava!

Dove l'hai trovata?

Ho fatto alcune ricerche, e a quanto pare, questa ragazza lavorava per conto del governo americano, in ambido informatico. Dopo esserci stata per parecchi anni, essendo un genio del computer, provò ad hackerare i dati per entrare in possesso delle informazioni private. Venne, però, scoperta, e cacciata via. Essendo minorenne, non poteva essere condannata per troppo tempo, ma venne esiliata dallo stato dove lavorava. . . In particolare Washington   disse Eddie leggendo sul monitor del suo computer tutte le informazioni al rigu ardo.Jean ascoltava con attenzione, e pensò che quella ragazza era la chiave perfetta.

Capitolo 5

Un applauso da parte di Armin rimbombava per tutta la biblioteca, attirando gente che si mostrava incuriosita e infastidita dal rumore scrosciante di quelle mani, che disturbava la loro lettura. La bionda situata accanto a lui, provava a mostrarsi fredda come al solito sin da quando si erano incontrati poche ore fa, ma era davvero difficile. Arrossì leggermente quando il biondo cominciò ad applaudire, torturandosi quelle piccole mani da bambino che aveva, nonostante fosse un ventenne.

Wow, ma è . . . è impressionante! Come fai a pronunciare così bene l'inglese di Shakespeare? Io non riesco a dire bene nemmeno una parola. . . disse euforico Armin, facendo una risata nervosa per l'imbarazzo, dato che si sentiva ignorante.

Annie, nonostante ne fosse lusingata, trovava quei com-
plimenti banali. Non che ne ricevesse tanti per poter
giudicare, anzi, nessuno. Essere così apprezzata per una
semplice cosa, le faceva sentire come strana. Ma da
un'altra parte. . . La faceva stare bene.

Grazie. Ma non è difficile leggerlo, per niente   disse
con tono freddo la ragazza, spostandosi una ciocca di
capelli biondi dall'occhio. Questo attirò l'attenzione di
Armin, che, per un attimo, sembrò non interessarsi al
tono freddo della ragazza, ma solo a quel gesto. Un
gesto normale, ma che lei trasformava in un passo di
danza per quanto fosse delicato il modo in cui la sua
mano spostava i capelli morbidi.

Ah. . . G-già   fece Armin assente, ancora preso dal volto
della giovane ormai molto più visibile, senza quella ciocca di capelli.Annie lo guardò interrogativa, tornando poi
a guardare il libro sfogliando con la mano sinistra le
pagine, mentre con l'altra teneva appoggiata la testa.

Strano che tu abbia difficoltà nell' inglese di una volta.
Se non sbaglio, il tuo cognome ha origini inglesi. . . Non
vieni da lì?   disse Annie continuando a sfogliare il libro.

Beh, non esattamente: mio nonno è nato in Inghilterra, mentre mia madre si è trasferita a New York. Di fatti è qui che ha conosciuto mio padre. Quando è rimasta incinta di me, mio nonno si trasferì qui per aiutare mia madre. . .

Oh, quindi hai preso il cognome da tua madre. . . e dove sono ora i tuoi genitori?   chiese Annie. A quella domanda, Armin perse tutta l'allegria. Certo, erano passati ormai anni, anche meno di quelli della morte dei genitori di Mikasa, ma lui non era forte come lei. Al pensiero dei suoi genitori, gli veniva sempre da piangere. Aveva diciannove anni, ma rimaneva sempre un bambino. Ma non voleva piangere, non difronte ad una donna.

Ecco. . . loro sono venuti a mancare otto anni fa, a causa di un incidente stradale. . .   disse Armin tutto d'un fiato.

Ah. . . scusami, non volevo . . .

T-tranquilla, non potevi saperlo, perciò . . .   la tranquillizzò Armin, sorridendo. Quel sorriso. Quel sorriso era contagioso per Annie. Forse troppo. Ed eccolo lì. Annie sorrise, di nuovo. Non voleva farlo, l'ultimo sorriso che rivolse a qualcuno, si trasformò in un'arma letale per lei.

Ad interrompere quel momento, fu uno squillo di un cellulare.

Oh, scusa è il mio   disse Armin, leggendo il nome. Rimase sorpreso nel leggere il nome di Mikasa,.così aprì subito la telefonata.

Ehi Mika! Come va!?   chiese Armin entusiasmato, come suo solito.Ad Annie, dava fastidio. Non perchè fosse al telefono con una ragazza, ma perchè odiava quando una persona non prestava attenzione a ciò che stavano facendo, mettendosi a fare altre cose.

Ehi Armin! Volevo chiederti se oggi pomeriggio fossi libero: dovrei presentarsi una persona   disse la corvina dall'altra parte della cornetta.

Armin era indeciso. Gli sarebbe piaciuto uscire con la sua migliore amica, ma non poteva certo lasciarsi scappare l'occasione di conoscere una ragazza con i suoi stessi gusti. Annie, intanto, si mostrava indifferente, ma riusciva a sentire tutto e le dava fastidio. Continuava a convincersi che era infastidita dal fatto che Armin non prestava attenzione a ciò che stavano facendo, ma c'era qualcos'altro, che ancora non riusciva a capire.

Scusa Mikasa, ma, ecco sarei già impegnato questo pomeriggio. . .   rispose Armin con una risatina nervosa. Ciò sorprese molto Annie, che subito sgranò gli occhi nella sua direzione. Voleva stare con lei, invece che con la sua migliore amica? Questa cosa la stupì non poco. Mentre continuava a riflettere sul perchè Armin avesse fatto questa scelta, cercò, di nascosto, sul suo cellulare, le sale da thè più buone di New York. Non perchè volesse organizzare un appuntamento perfetto, come molte ragazze fantasticavano con il loro primo incontro con un ragazzo, ma perchè pensava che, se doveva passare del tempo con lui, una cioccolata calda in quel periodo così freddo, era ciò che ci voleva.

Armin, dopo vorresti andare in una sala da thè?   chiese Annie continuando a guardare il suo cellulare.Armin perse un battito a sentire quella richiesta. Il cuore iniziò a battere all'impazzata. Un normale pomeriggio in biblioteca, si era trasformato in un vero e proprio appuntamento. Un appuntamento? Per Armin? Di sicuro non era il suo forte. Non faceva certo parte della lista delle specialità di Armin, assolutamente no. Lui era il classico nerd sfigato con le ragazze, che che riceveva porte in faccia da loro al posto di abbracci e cioccolatini.

Nel mentre, Mikasa aveva ascoltato tutto, e nel sentire la voce di una ragazza, non esitò a lasciarlo da solo con lei. Dopo anni, il suo sogno si stava avverando: Armin non sarebbe stato più single.

Ah si si certo non preoccuparti   disse Mikasa mentre cercava di trattenere la sua felicità.

Fai pure con calma, tanto ho preso un impegno adesso, ah già! Ora che me lo hai ricordato dovevo andare a fare la spesa. Ciao!   fece Mikasa parlando in tutta fretta, attaccando senza dare ad Armin il tempo di rispondere."Ma non era andata due giorni fa a fare la spesa?" Pensò Armin riposando il cellulare.

Scusa Annie. Comunque, certo mi piacerebbe venire con te alla sala da thè   fece il biondo, mentre trema- va per l'emozione per come sarebbe andato a finire quell'appuntamento.

Eren scese in tutta fretta le scale a chiocciola del suo appartamento, infilandosi la sua giacca di pelle nera.Le 16:40. Come suo solito, era in ritardo per l'appunta- mento con Mikasa. Anche se non era un vero e proprio incontro romantico, la puntualità era dovuta.

Salì sulla sua Harley e girò con forza il manubrio per accelerare.Lasciò sull'asfalto un odore di gomma bruciata, e partì.Con quell'enorme casco nero, anni prima donatogli dal padre, non riusciva quasi a vedere niente; dovette socchiudere gli occhi per cercare il nome del ristorante dove si erano dati appuntamento.Si accorse di averlo superato, solo dopo aver fatto qualche metro in più.Fece retromarcia, rischiando di prendere qualche macchina. Davanti al ristorante si trovava lei. Mikasa. Era appoggiata con la schiena sul muro del locale, appena accanto alla vetrina con la scritta Marco's in corsivo dorata, che occupava quasi tutta la vetrata. Un locale piccolo, ma molto accogliente già dall'esterno. Inoltre, il proprietario, Marco Berni, era conosciuto in tutto il quartiere, per la sua gentilezza e cordialità.L'entrata, come quasi tutta la città, era già ricoperta da addobbi natalizi come ghirlande o piccole bambole di Babbo Natale, così inquietante che Eren se li sognava la notte quando li vedeva.Erano solo agli inizi di Novembre, ma l'arrivo del Natale si faceva già sentire. Sia per gli addobbi, che per il freddo.Infatti, Mikasa era vestita con un pesante maglione di lana bianca che le metteva in risalto i suoi occhi grigi, anche se coperti da una sciarpa rossa che teneva sempre avvolta attorno al suo collo. Eren la vedeva spesso addosso, quasi sempre. Non si staccava mai da quell'oggetto, neanche se fuori faceva non molto freddo. Certo, d'estate non la portava, ma bastava un leggero vento come scusante per indossarla.

Mikasa continuava a fissare lo schermo del cellulare, non essendosi ancora accorta della presenza del suo a mico.Appena Eren spense la sua motocicletta, il rumore delle chiavi attirò l'attenzione dell'asiatica, che di scatto, alzò la testa.

Sei arrivato in anticipo! esclamò Mikasa guardandolo con fare provocatorio, con ancora il telefono acceso tra le mani. Era evidente che lo stava stuzzicando.Er en, nonostante ciò, non capiva e continuò a guardarla confuso, tirando fuori il suo cellulare per controllare se, effettivamente, ciò che diceva la sua amica fosse giusto.

I-in anticipo? Ma sono le 17:02, l'appuntamento era alle 16:30. . . disse continuando a guardare storto il suo cellulare.

Beh, solitamente arrivi un'ora dopo. . . e oggi sei arrivato con mezz'ora di anticipo, conplimenti disse Mikasa continuando a provocarlo, lasciandosi scappare una risata.

Ah. Ah. Spiritosa. . .   disse Eren evidentemente offeso dalle provocazioni di Mikasa, che nel mentre continuava a sorridere ai capricci di Eren.

E dai, stavo solo scherzando. . .   fece Mikasa posando il suo cellulare nelle tasche dei jeans. Non aveva bisogno di borse o roba simile per portare tutto il necessario.

Ok . . . allora. . . Dov'è questo Armin?   chiese Eren, posando anche lui il cellulare nelle tasche, facendo spostare il suo sguardo a destra e a sinistra, in cerca del ragazzo biondo, che però non vedeva.

Purtroppo non è potuto venire perché. . . è impegnato. . .   fece Mikasa sorridendo al ricordo della voce femminile accanto ad Armin che, finalmente, aveva trovato una ragazza. Non erano fidanzati, ma era questione di tempo. Se non si fossero messi insieme, Mikasa li avrebbe costretti.

Ah, be'. . . mi dispiace. . . comunque, mettiti questo   disse Eren mettendo il suo casco nero alla ragazza, che quasi saltò per il suo gesto così affrettato e inaspettato.Mikasa si toccò il casco che era sopra la sua testa, come se fosse la prima volta che ne vedeva uno.

. . Che ci dovrei fare con questo?   chiese con la voce ottusa a causa del grande copricapo.

Non vorrai mica rimanere qui, a non fare niente. . . dai salta su   disse Eren salendo sulla sua moto, pronto per accenderla. Aspettava solo che Mikasa salisse.La ragazza, seppur incerta, salì sul veicolo, avvinghiando le braccia attorno alla vita dell'amico. Era un po' imbarazzante per loro, data la vicinanza dei loro corpi. Entrambi arrossirono un po', convincendosi che fosse a causa del freddo.In effetti, quando il motorino partì, il vento gelido soffiava ancora più forte dato il brusco movimento, e Mikasa era costretta a stringersi a lui per riscaldarsi. Quando sentì il corpo della ragazza accoccolarsi al suo in cerca di calore, Eren cominciò a diventare nervoso e sempre più imbarazzato. Ma non impedì alla ragazza di avvicinarsi così tanto a lui, anzi, provava al meglio a farla sentire più calda.

Dove vorresti andare?   urlò Eren a causa del forte vento che impediva di udire una sola parola.

Come!?   esclamò a sua volta Mikasa.

Dicevo, hai qualche preferenza? Non so, un bar particolare o. . .

Una sala da thè?   chiese Mikasa cercando il meno possibile di urlare, per non sforzare la voce.

Che!?   chiese Eren, socchiudendo gli occhi, per impedire alla polvere e terra trascinata dal vento, di entrargli dentro.

Una sala da thè! Sai dove si beve il thè e. . .

So cos'è una sala da thè!   esclamò interrompendola, con tono scherzoso.

Ma quello che voglio dire, è se hai una preferenza, non so. . . magari un tipo di locale preciso   Mikasa ci pensò su, e, senza aver trovato nulla, disse la prima cosa che le venne in mente:

Mi faccio guidare dall'autista   esclamò Mikasa ancora accoccolata ad Eren come fosse un peluche gigante, che nel mentre, oltre all'imbrazzo della vicinanza dei due, sbuffò sonoramente, ma non nascondendo il sorriso.

Dopo qualche minuto, i ragazzi si trovarono davanti ad un piccolo locale nei pressi di Manhattan. Era molto piccolo, ma parecchio accogliente: l'entrata, come il locale, era in stile antico, con i classici colori bordeaux, nero e marrone scuro. Colori che facevano venire in mente, la Londra vittoriana, che erano i protagonisti delle case dei nobili.Inoltre, il profumo intenso di thè, sembrava teletrasportarti direttamente a Londra, dove si svolgeva il classico rituale del thè delle cinque.

Mikasa ed Eren stavano per entrare, quando ad un certo punto, l'asiatica adocchiò una persona a lui conoscente: Armin. Ed era anche in compagnia di una splendida ragazza, vestita con abiti eleganti, che rimettevano in risalto gambe e curve, e truccata perfettamente. Sembrava vestita per un vero e proprio appuntamento galante.

Mikasa, con tutta fretta, prese il braccio di Eren, cercando di farsi notare il meno possibile dall'amico all'interno del locale.Eren, confuso, cercò di replicare, ma si trovava già dietro l'angolo, dove l'asiatica lo aveva portato.

 Mi spieghi che ti è preso?   chiese Eren confuso, interrotto Mikasa che lo ammutolì con un gesto della mano .Eren, ripeté la stessa domanda a bassa voce, cosicché la ragazza avesse la possibilità di parlare senza essere scoperta; da chi, Eren non ne era a conoscenza.

Dal locale uscirono un ragazzo con un caschetto biondo, vestito in modo a dir poco orrendo, e una ragazza che sembrava essere il perfetto opposto del compagno in fatto di moda. Entrambi stavano parlando allegramente, e, improvvisamente, Armin scoppiò in una fragorosa risata. Mikasa non capì il motivo di tale sfogo, ma le bastava per sapere che, finalmente, Armin stava conoscendo una persona al di fuori dei libri, anime e videogiochi. Una persona reale. Che faceva parte del mondo reale, il mondo in cui tutti viviamo. Era contenta di sapere che, finalmente, il suo migliore amico (o anche fratello) stesse iniziando ad abbandonare il mondo immaginario in cui si perdeva sempre sin da quando era piccolo. O forse perchè voleva perdersi, per non ritrovare più la strada di ritorno.Già, era fatto così il ragazzo. Perennemente con la testa fra le nuvole, e non amante del mondo reale, ma più affascinato da ciò che lo circondava prima di capire quanto in realtà il mondo esterno fosse crudele.Certo, era vero che conoscere il passato, sia il proprio che quello degli altri, ci aiutava a capire di più il presente, ma era anche vero che se si pensava troppo al passato, si rischia di perdersi il futuro.

Ma chi è quello?   chiese sottovoce Eren, che nel mentre guardava la scena confuso.

Lui è Armin   disse semplicemente Mikasa, continuando a guardare il suo migliore amico ridere con la ragazza al suo fianco.

Armin? Ma dai. . . È questo l'impegno che lo ha occupato tutto questo tempo? . . .   -disse Eren, per poi scrutarlo da cima a fondo-   . . . Di certo non ha buon gusto in fatto di moda   disse osservando bene gli indumenti indossati dal ragazzo. Non solo il color senape dei pantaloni non c'entrava niente con la camicia a quadri blu, ma erano anche modelli per niente eleganti. Quei pantaloni a zampa di elefante di quel colore, potevano far parte di uno spot pubblicitario di un fast food.

Beh. . . Diciamo che la moda non è mai stato il suo punto forte   disse sorridendo Mikasa al ricordo dei più strambi abbinamenti che faceva il ragazzo, continuando a spiare Armin e la ragazza accanto a lui. Di certo, quando lo avrebbe rincontrato, avrebbe fatto finta di nulla, evitando situazioni imbarazzanti. Non per lei, ma per lui.

È per questo che è così sfigato con le ragazze?   chiese Eren, ricevendo in cambio una sonora botta in testa da parte di Mikasa.

Smettila, sappi che è molto più acculturato ed educato di te   disse Mikasa girandosi dalla sua parte, mettendo le braccia incrociate al petto, nascondendo un sorriso, per via della situazione spiritosa che si stava creando.

Ah si, scommetto di no   disse Eren mostrando un sorriso orgolgioso, voltandosi dall'altra fingendosi offeso, ma che invece si stava trattenendo dal ridere. Mikasa ruotò gli occhi al cielo. E quando le venne in mente una domanda da fare, per dimostrare che ciò che diceva non erano altro che bugie, si formò sul suo volto un sorriso soddisfatto.

Ah si!? Allora dimmi. . . come si chiama l'uomo che scoprì l'America? Questo dovresti saperlo, se sei così acculturato   chiese Mikasa, sottolineando il "così", con tanto di tono sfidante.Eren, non sapendo cosa rispondere, riuscì solo a formulare dei versi simili a dei miagolii. Mikasa, dopo una risata soddisfatta, tornò a spiare Armin, ma non trovò altro che un marciapiede vuoto. Infatti, mentre Eren e Mikasa si stavano sfidando ad una "gara di cultura", il ragazzo se ne era già andato.

Se ne è andato   sussurrò Eren con tono di una persona che non capisce niente, neanche le cose più stupide.

Per forza. . . andiamo?   chiese Mikasa, avviandosi senza neanche aspettarsi una risposta positiva. Subito Eren la seguì a ruota, ed entrambi entrarono nel locale. Appena all'interno, i loro volti si scaldarono all'istante, entrando in contatto con il calore del posto.Mikasa si tolse la sciarpa e il cappotto, e lo stesso fece Eren, e presero posto su due poltroncine nere, molto eleganti, situate vicino alla vetrata e un po' più isolata dalle altre poltrone.

Dopo qualche minuto a chiacchierare, arrivò la cameriera con il taccuino e la penna in mano.

Volete ordinare qualcosa, signori?   chiese la donna già pronta ad appuntare gli ordini.

Una cioccolata calda, grazie   ordinò Eren con in mano ancora il menù. Gli sarebbe piaciuto che Mikasa ordinasse la sua stessa bevanda, ma invece ordinò del thè caldo.E dopo che la cameriera si appuntò gli ordini, se ne andò, lasciando Eren e Mikasa nuovamente soli.

***

Dimmi che stai scherzando, Mikasa!   esclamò Eren ancora sconvolto, mentre tratteneva a stento le risate.M ikasa affogò una risata nel suo thè caldo, scottandosi la lingua di conseguenza.Dopo essersi tappata l'ustione con le dita, ricominciò a ridere.

Hai davvero scambiato Armin. . . quello di prima. . per una donna!?   chiese Eren scoppiando in una risata che attirò l'attenzione di tutti i presenti.Mikasa, terribilmente in imbarazzo, si coprì il viso con le mani, pregando in silenzio Eren di smetterla.

Dopo dieci minuti di risate - principalmente da parte di Eren- entrambi uscirono dal locale, strofinandosi le mani sulle braccia per provare a scaldarsi, ormai abituati al caldo della stanza.

Scusa per prima, dentro al locale   disse Eren sentendosi in colpa per la scenata di prima nella sala.

Fa niente, in fondo. . . era esilarante come cosa   fece Mikaaa ad Eren, sorridendo amichevolmente. Il sorriso venne subito ricambiato, e i due ragazzi cominciarono a camminare per le strade di New York.

Mentre i due amici passeggiavano tranquillamente, il cielo sopra le loro teste si faceva pian piano sempre più scuro. Nuvoloni grigi coprivano tutte le sfumature del tramonto che, ormai, erano apparse nel cielo da un po'

.Un fulmine lampante, seguito da un tuono spaventoso, allarmò Eren e Mikasa che passeggiavano uno accanto all'altro.

Sta iniziando a piovere sussurrò Mikasa allungando una mano al cielo. Presto piccole goccioline di pioggia si posarono su essa, ed Eren si alzò il cappuccio della sua solita felpa rossa. Ben presto le goccioline si trasformarono in scaglie d'acqua che picchiettavano fortissime. In pochi secondi si era scatenata una tempesta, ed i due ragazzi ne rimasero coinvolti, cercando invano di coprirsi con i vestiti che avevano addosso; cercarono un riparo, e, senza pensare a dove fossero entrati, aprirono la porta di un piccolo bar. Lasciarono che l'acqua cadesse sul pavimento per qualche secondo, tentando di asciugare gli abiti. Girandosi intorno, Mikasa sembrava riconoscere quel piccolo locale come uno di classe, con tutte quelle luci eleganti che illuminavano la sala, e quei tavolini decorati con la Gloriosa, un fiore costosissimo, di origine asiatiche. È famoso per i suoi petali rosa vistosi, che cambiano colore dalla punta al centro, ed è anche abbastanza costoso. Mikasa diede un'occhiata fugace al menù accanto alla porta, e la prima cosa che adocchiò fu un caffè da dieci dollari.

Penso che siamo in un posto. . . Altezzoso   sussurrò Mikasa continuando ad osservare il menù. Ma Eren, non le stava prestando un minimo d'attenzione: aveva gli occhi sgranati, e non riusciva a formulare una parola; sentiva il suo respiro fermarsi ad ogni tentativo di prendere aria, come ci fosse un blocco in gola; quella sensazione di pesantezza in lui lo teneva incollato al pavimento, senza riuscire a muoversi. Dopo tanti anni, era tornato lì. In quel magnifico posto, che sembrava un bar per ricchi viziati, ma che, per lui, rappresentava una fonte di miliardi di ricordi, che partivano da quando a tre anni correva con un posacenere in mano tra i tavoli, che poi finì per rompere cadendo, all'ultima volta quando cercava di fare il grande, ordinando di nascosto un dolcetto al cioccolato e rum, che poi sputò in meno di due secondi. E la mamma rideva così tanto che non si preoccupava di ciò che gli altri clienti pensavano: un bimbo maleducato, brutto e antipatico, ma per lei, lui era semplicemente. . . Perfetto. Come ogni figlio ad una mamma. Si ritrovava lì dopo ben oltre dieci anni, in quel luogo che per tutto quel tempo aveva provato ad evitare. Come aveva fatto a non riconoscere il quartiere mentre camminava, mentre respirava quell'aria di pioggia bagnata che caratterizzava quel posto; quell'aria

fresca come una rosa che apriva i polmoni come sboc-
ciassero, e teneva gli occhi incollati a quel minimo dettaglio particolare che davano le strade.

Avrebbe mentito a dire che non si sentiva davvero male:
non invano aveva cercato di evitare quel bar, evitando
perfino di guardare l'insegna con la coda dell'occhio. I
ricordi erano così freschi che a scioglierli non sarebbe
bastata la lava più rovente e calda di un vulcano. Eppure l'aveva sognata così tante volte, ma mai e mai si
era sentito così prima di quel giorno. Era forse perché
riusciva ancora a percepire le mani delicate di quella donna posarsi sulla sua guancia mentre cercava di
pulirlo dal cioccolato della sua ciambella? Vedeva quei
capelli lunghi e bruni, raccolti in una perenne coda bassa, aggirarsi tra i tavoli, a sorridere ai clienti, ma loro
non ricambiavano: lei non c'era. E solo lui la vedeva.
Si sentiva debole e inferiore. Un sentimento simile a
quello provato pochi giorni fa, ma che lo stava davvero
divorando dentro.

Mikasa si girò verso di lui, e notò quanto il suo sguardo
fosse assente e troste. Vedendolo così, si preoccupò, e
gli posò una mano sulla spalla, che lo ridestò dai suoi
pensieri   Eren... va tutto bene?   chiese Mikasa con tono

dolce, facendo girare Eren dalla sua parte, che la guardò come fosse una sconosciuta. Sembrava una straniera di fronte a lui in quel momento.

Improvvisamente, il pianista che si trovava lì per fare musica dal vivo, suonò una canzone che, per Eren, fu la goccia che fece traboccare il vaso: avrebbe voluto tapparsi le orecchie, urlare e scappare? Si, lo avrebbe voluto. Ma qualcosa lo bloccava, teneva a forza i suoi occhi sulle mani dell'uomo davanti al piano, raddrizzava le orecchie per percepire dentro di lui ogni singola nota. E subito gli tornò in mente il sogno di poche sere fa: lei, dentro alla stanza proibita con il piccolo Eren tra le mani, che iniziava a canticchiare. Lo posò sul letto, e lo fece addormentare con quei piccoli e delicati suoni che pur essendo così dolci e leggeri, toccavano con forza l'anima di Eren. Kiss the rain. . . Forse era così che lei chiamava quella ninna nanna che in quello stesso istante Eren sentiva. Lui a reggere quel peso non ce la faceva più: stacco tutto della sua mente, e fece ciò che l'istinto gli diceva. Corse verso la porta di quel locale, e uscì via. Scappava da qualcosa che non esisteva, di immaginario che si creava lui; un mostro che non era vivo, erano le sue paure a farlo muovere. Colui che mai aveva avu- to paura, perfino della morte, si ritrovava a scappare dai suoi stessi ricordi. Uscì dal locale lasciando Mikasa sconvolta, venendo colpito da una tempesta: più che pioggia sembrava che Zeus stesse cercando di annegare i cittadini.

Eren, aspetta!   esclamò Mikasa uscendo dal locale per seguirlo, ma la pioggia era così forte che era impossibile anche riuscire a vedere l'altra parte della strada. Tutti i suoi tentativi di asciugarsi vennero distrutti in pochi secondi data la grandissima quantità d'acqua che calava sopra la sua testa. Si girava intorno, alla ricerca del ragazzo, ma inutilmente: non riusciva a vedere niente.

Eren!   continuava a gridare Mikasa richiamandolo, ma la voce del ragazzo non si fece sentire. Era come sparito nel nulla. Decise comunque di non tirarsi indietro, e proseguì attraversando la strada, con molta difficoltà non essendo in grado di vedere nulla. Non conosceva neanche bene quel quartiere, per cui non era capace di darsi un'idea su dove fosse. Mettendosi una mano sopra gli occhi, aveva intravisto alcuni alberi: in una città come New York, il verde degli alberi non era frequente, per cui un parco era più che sufficiente per capire il posto in cui si trovavano: il Washington Square Park. Mikasa decise di entrare, ormai zuppa, dalla testa ai piedi. Le sue scarpe di tela, sembravano un fazzoletto pieno d'acqua, e il suo maglione, insieme ai pantaloni, sembravano appena usciti dalla lavatrice, per quanto bagnati. E la sciarpa. . . Anche quel pezzo di stoffa rossa era bagnata, ma Mikasa, per la prima volta, non prestò molta attenzione a quell'oggetto, preziosissimo per lei. In quel momento, era solo alla ricerca di Eren, che dal nulla era svanito. Come la prima volta d'altronde: all'improvviso era apparso, e all'improvviso era svanito. Le si formò un leggero sorriso a quel ricordo, ma si riprese subito per non perdere di vista il suo obiettivo. Girò per quella piccola parte del parco per tanto, con ancora la pioggia che diventava sempre più forte. Lei era lì, sperduta e inconsapevolmente così vicina a lui. Dopo quale passo avanti, lo trovò sotto un albero, anche lui bagnato da testa a piedi: i suoi capelli erano appiccicati al volto, dalle piccole ciocche brune gocciolavano lente delle goccioline; la sua felpa era bagnata quanto il maglione di Mikasa, stessa cosa i pantaloni e le scarpe. Eren era lì che fissava sopra di lui quella chioma di cui quel tipo di alberi si vantavano, con quei colori delle foglie che davano la vivacità in quel posto grigio. Aveva le mani nelle tasche, e non staccava gli occhi da lì. Lei si avvicinò e si mise esattamente accanto a lui, osservandolo. Sperava che quelle gocce di pioggia sul volto si confondessero con le lacrime che non si sarebbe mai aspettato di far uscire così. . . Incontrollabili. Eren non la guardava, e lei smise di guardare lui. Quel silenzio rendeva il tutto tranquillo e per niente imbarazzante: lei riusciva a sentire lui, e lui riusciva a sentire lei. Dopo qualche secondo, Eren iniziò a parlare:

. . Sai. . . È sotto quest'albero che mia madre mi portava sempre. . . disse Eren non staccando gli occhi da quelle foglie, mentre altre lacrime calde gli segnavano le guance, che quasi non percepiva più. Eppure lui stava sorridendo: quel particolare che illuminò Mikasa, che si voltò verso di lui non appena aprì bocca. Fu lì che quella ragazza capì.

Ti manca. . . Non è così? fece Mikasa tornando a guardare anche lei l'albero, mentre la pioggia continuava a picchiare forte sopra di loro. Lui si limitò ad annuire, abbassando lo sguardo. Quel suo sentirsi inferiore in quel momento, lo fece sentire un'idiota davanti a lei. Eppure, l'ultima persona al mondo che lo avrebbe considerato uno stupido in quel momento, era proprio Mikasa: colei che in tutti quegli anni, aveva sentito e provato il dolore di Eren ogni giorno. La perdita dei suoi genitori e della sua migliore amica, erano un sinonimo, se non la stessa cosa, di perdere la madre per Eren. Si, erano simili. Lì, l'uno accanto all'altra, che anche se non si parlavano, pensavano alla stessa cosa. Provavano la stessa cosa. E lei odiava pensare anche solo che un ragazzo come lui potesse soffrire in quel modo, tanto che avrebbe voluto fare di tutto per salvarlo. Si toccò il collo, e sentì la sua sciarpa avvolgerla. Forse non avrebbe avuto successo, ma a lei faceva stare bene quella stoffa rossa attorno; tanto da riuscire a farle dimenticare a volte, di averla persa. La guardò per qualche altro secondo, poi guardò Eren: aveva ancora il volto bagnato dalle lacrime, e teneva lo sguardo basso. Poi si tolse con estrema lentezza la sua sciarpa, prendendola da entrambi i suoi lati. Il suo morbido e bianco collo, che per tutto quel tempo era stato protetto dalla stoffa, si bagnò così come tutto il resto del corpo. La teneva tra le mani, e la guardava. Eren sembrava non aver ancora notato nulla, ma furono i movimenti lenti e delicati di Mikasa che lo risvegliarono da quel sogno: la ragazza aveva avvolto la sua sciarpa attorno al collo di Eren, che essendo un poco più alto, la costrinse a mettersi di fronte a lui e ad alzare di poco le punte del piede. Il ragazzo la guardò negli occhi: lei era difronte a lui che cercava di confortarlo con il suo sguardo, e con quel suo magnifico gesto. Seppure fosse così bagnata, la sua pelle fu in grado di percepire del calore, che penetrava anche oltre nei suoi vestiti: un fuoco caldo percorreva un percorso che partiva dalla testa sino a tuffarsi nel cuore, lasciando una pozzanghera piacevole in lui. Il colore acceso di quella sensazione era perfino percepibile con la vista, che con quegli occhi era stato in grado di vedere quanta luce ci fosse negli occhi della ragazza dai capelli corvini ancora davanti a lui.

. . Potrebbe servire più a te che a me. . . furono le uniche parole che Mikasa riuscì a dire in quel momento: una parte di lei era bloccata a fissare quelle irridi verdi smeraldo che furono la causa della sua attrazione nei suoi confronti. Una calamita che diventava sempre e sempre più forte. E più attirava a sé e più lei non voleva sottrarsi.

La pioggia feroce e violenta attorno a loro, si era trasformata in una piacevole caduta di gocce d'acqua leggere e delicate, le quali sembravano suonare una melodia tutta loro su un pianoforte chiamato terra. Come se qualcuno da lassù li stava osservando, avevano interrotto la rabbia e il rancore. Un semplice scambio di sguardo, ed Eren si sentiva paralizzato, immobile, sconcertato. È attratto come non mai. Era stato in grado di non fermarsi neanche al più peggiore degli scenari in uno dei suoi omicidi, ma erano bastati quegli occhi a bloccarlo nel tutto. E quel sorriso... La causa principale per cui lui si era davvero avvicinato a lei nonostante il pericolo di bruciarsi, la paura di scottarsi. Ma d'altronde, non puoi avere paura del fuoco se prima non ti ci butti dentro. E così era stato per lui: quel piccolo particolare di lei, raro e straordinario, era diventato una calamita.

Loro due erano lì, sotto la pioggia. Un'attrazione più forte di quella magnetica si stava scatenando come una tempesta di fulmini, scariche elettriche che percorsero la schiena di Eren, che improvvisamente, sentì una forza in lui più grande della sua coscienza, e lo stava spingendo sempre più vicino a lei. Il volto del ragazzo era sempre più vicino a quello di lei, che mai aveva distolto lo sguardo dal suo: sentiva il desiderio di non interrompere quel momento. La sua mente era andata oltre quel limite di sopportazione che solitamente teneva... Si era persa in un bosco il quale non avrebbe voluto trovare l'uscita: almeno finché non avrebbe finito. I loro respiri si confondevano tra loro, i loro occhi rimanevano incollati l'uno all'altro, mentre i loro cuori stavano per esplodere nei loro petti. Entrambi lo volevano. E come se la telepatia fosse un loro potere, nello stesso momento i due ragazzi annullarono quel poco di distanza che c'era tra le loro labbra. Lei per prima sgranò gli occhi, ma non si mosse di un millimetro da quella posizione. Se prima tremavano dal freddo, ora sudavano dal caldo. Eren sentiva come se qualcuno avesse staccato la sua mente dal corpo, agendo d'impulso. Aveva chiuso gli occhi, mentre continuava ad assaporare le labbra di Mikasa. In quel momento sembrava che le loro bocche fossero come pezzi di puzzle. La leggerezza di quel momento riusciva a far sollevare entrambi, come fossero in grado di toccare il cielo con un dito. Qualcuno a lui gli aveva parlato di questo tipo di cose, ma mai credeva potesse trovarlo così gratificante e purificativo.

Non appena si staccarono, Eren e Mikasa erano privi di qualsiasi forma di coscienza: si guardarono per qualche secondo. La pioggia era ormai diventata così leggera e sottile che non era più percepibile. Le nuvole avevano lasciato spazio alla luce del sole che illuminava i loro volti ancora bagnati. Gocce d'acqua cadevano dalle ciocche dei loro capelli.

Eren, ancora incollato ai suoi occhi, provò a formulare qualche frase di senso compiuto, ma Mikasa lo precedette con un sorriso. E quel sorriso, che Eren poteva definire ormai maledetto, lo bloccò nuovamente. Le parole non servivano. Non serviva poter esprimere quel tipo di sensazione: a volte, il saper tenersi dentro qualcosa era la via giusta, l'unico modo. Il sorriso di Mikasa e gli occhi di Eren erano gli unici in grado di mostrare davvero ciò che i loro cuori sentivamo.

Milton Keynes UK
Ingram Content Group UK Ltd.
UKHW020800241123
433194UK00016B/1099